EL DESAFÍO DE LA DIVERSIDAD

Matrimonio igualitario, cambio de sexo, alquiler de vientres... Hacia un nuevo modelo de familia

Dalia Goldman

EL DESAFÍO DE LA DIVERSIDAD

Matrimonio igualitario,
cambio de sexo, alquiler de vientres...
Hacia un nuevo modelo de familia

CONJURAS

 L.D. Books

El desafío de la diversidad
© Dalia Goldman, 2015

L.D. Books

D.R. ©Editorial Lectorum, S.A. de C.V., 2015
Batalla de Casa Blanca Manzana 147 A, Lote 1621
Col. Leyes de Reforma, 3a. Sección
C. P. 09310, México, D. F.
Tel. 5581 3202
www.lectorum.com.mx
ventas@lectorum.com.mx

Primera edición: julio de 2015
ISBN:978-1537460000

Colección **CONJURAS**

D.R. ©Portada e interiores: Mariel Mambretti

Introducción

"El objetivo de la vida es nacer plenamente, pero la tragedia consiste en que la mayor parte de nosotros muere sin haber nacido verdaderamente. Vivir es nacer a cada instante".
Erich Fromm (1900-1980),
psicoanalista y filósofo alemán

Si bien en este breviario trataremos de abordar conceptos teóricos cuyo tratamiento se impone, hemos elegido como punto de partida contar una historia de vida. Una de tantas, pero que sirve como puntapié inicial para embarcarse en el camino de la reflexión de un conjunto de situaciones cada vez más visibles en nuestras sociedades, y que denominamos genéricamente "diversidad sexual".

Se trata de una problemática que tiene que ver con los derechos de las poblaciones LGTB (lesbianas, gays, bisexuales y trans) y que desafía constantemente prejuicios y creencias arraigadas desde tiempos inmemoriales. Un debate que no todo el mundo está dispuesto a dar, y que muchos prefieren clausurar de antemano ciñéndose a argumentos de enfermedad, degeneración, pecado, crimen contra la naturaleza, etc. Así no sólo se niega una gran porción de la realidad, que tiene lugar más allá de las opiniones individuales o colectivas de cualquier grupo o sector; se desconocen también *microrrealidades* —personales, íntimas, cotidianas— que atañen a seres humanos que viven, piensan y sienten de manera "diferente" de un determinado estándar, establecido por convención y aceptado socialmente.

Quitar entidad a las distintas manifestaciones de la diversidad, que incluyen una variada gama de orientaciones sexuales y de autopercepciones de género, no sólo no resuelve ni elimina su existencia. Además, condena a miles de personas al ostracismo, la marginalidad, el ocultamiento; cuando no la expone a formas de violencia física y psicológica.

Desde ya, no estamos hablando de fenómenos estrictamente nuevos.

¿Acaso no se puede decir que la homosexualidad es tan antigua como la humanidad? ¿No ha habido en todas las épocas personas que han sentido que "nacieron en el cuerpo equivocado"?

El mundo, o al menos una parte considerable de él, está cambiando. Hace dos o tres décadas era impensable hablar de matrimonio igualitario o de identidad de género. De hecho, en algunas sociedades todavía se estaba discutiendo el estatus legal del divorcio y la posibilidad de casarse por segunda vez.

Pero cada batalla ganada en pos del reconocimiento y la aceptación de la diversidad sexual abre nuevos interrogantes. La adopción, el alquiler de vientres o el cambio quirúrgico de sexo exigen ser repensados y adecuados a los nuevos tiempos.

Sin dudas, los avances más notorios y tangibles se han dado en el plano del ordenamiento jurídico, no sólo con la sanción de leyes que garantizan y protegen los derechos de LGTB, sino también con la instauración de un entramado de instituciones estatales y de políticas públicas de lucha contra la discriminación por razones de orientación sexual o identidad de género.

Pero con la letra escrita de una ley no alcanza.

Deconstruir los tabúes y rediscutir las ideas de "normalidad", los modelos de familia, el esquema binario femenino/masculino (que define como "anormal" todo lo que escape a esa dualidad), es la gran tarea a futuro. Sin una verdadera revolución a nivel de la conciencia individual y colectiva, la meta de construir una sociedad plural e inclusiva será una utopía.

Y aún nos queda la otra parte del mundo, aquel 40% de naciones en donde la homosexualidad es ilegal y es castigada, incluso con la muerte.

Es muy difícil escribir sobre estos temas sin abusar del entrecomillado y la cursiva. Entiéndaselo como un modo de tomar distancia de un discurso homofóbico e intolerante que, a fuerza de repetición, ha naturalizado creencias como verdades inamovibles. Y que ha contaminado y sigue contaminando el debate con preconceptos y lugares comunes.

Esperamos estar contribuyendo a una nueva era de la Humanidad que, por cierto, ya ha comenzado a despuntar.

Capítulo 1

¿Madre hay una sola?

"A veces podemos pasarnos años sin vivir en absoluto y de pronto toda nuestra vida se concentra en un solo instante".
Oscar Wilde (1854-1900), escritor irlandés.

Nació en Buenos Aires en 1961. Era un varón y fue bautizado como Alfredo.

Apenas púber, vivió una historia de amor con un hombre –conocido de la familia–, relación que se prolongó por varios años. Ella no sólo implicó su debut sexual sino también la experiencia de la total clandestinidad.

A los dieciocho años de edad, se casó con una mujer. Pero algo no terminaba de encajar.

Para esa época empezó a maquillarse y pronto consiguió un trabajo como transformista en un cabaret. Dos años más tarde, la ruptura matrimonial era un hecho. Entonces llegaron las primeras intervenciones quirúrgicas (nariz, pómulos, mentón), que buscaban afinar los rasgos del rostro.

En busca de nuevos horizontes se marchó a Brasil, donde finalmente permaneció más de dos décadas, trabajando de vedette. Allí se sometió a nuevas cirugías. Tenía por entonces 25 años y asumía en forma definitiva una apariencia femenina. Jamás quiso operarse los genitales.

De regreso en su ciudad natal, continuó vinculada al mundo del espectáculo, desempeñándose como vestuarista y asistente personal de actores, a la vez que empezó a ofrecer shows –mitad cómicos, mitad eróticos– en distintos lugares de la Argentina.

A fines del 2012, y al amparo de la ley vigente en la Argentina, cumplió con el trámite de rectificación registral del sexo, adoptó el nombre de Casandra y obtuvo el correspondiente documento de identidad que acredita su género femenino.

Su figura cobró notoriedad pública a mediados de 2014, cuando en un verdadero *raid* mediático se presentó en diversos programas televisivos anunciando su inminente "maternidad" y con características insospechadas.

A diferencia de otros casos similares —sean los de personas conocidas popularmente o no—, Casandra había desechado la alternativa de la adopción, ya que la impulsaba el deseo de un "hijo propio", amén de que el trámite para adoptar en Argentina suele implicar una espera de años.

Junto con su pareja, un hombre que ya tenía una hija de un matrimonio anterior, habían decidido que el padre de la criatura (genéticamente hablando) fuera Casandra. Naturalmente, para que este plan fuera posible, hacía falta una mujer que llevara adelante la gestación.

La opción de alquilar un vientre también fue descartada, por estar fuera de sus posibilidades económicas. La solución llegó de la mano de una amiga, que aceptó la particular propuesta.

El embarazo se logró por la "vía natural": Casandra mantuvo relaciones sexuales con esta amiga, algo que, según sus propias declaraciones, "no fue fácil, está más que claro que a mí las mujeres no me gustan, hubo que hacer un trabajo".

Una historia sin final

La polémica no tardó en estallar. Evidentemente el perfil de los protagonistas no contribuyó a un análisis desapasionado. Ella, Casandra, es un reconocido personaje "de la noche"; su pareja, un modelo y *stripper*. Por añadidura, ni siquiera tenían a su favor una relación de larga data: hacía apenas un año que se conocían. Y había un detalle capaz de sublevar la conciencia de la persona más tolerante: la idea de convertir el acto de concepción en un "trabajo", en una tarea a la que uno se obliga. Algo que, sin dudas, hacía más cuestionable la validez de todo el asunto.

El final de esta historia nunca llegó a concretarse: la amiga perdió el embarazo al quinto mes de gestación. Pero dejó abiertas un sinfín de preguntas acerca de los límites legales y morales de los nuevos modelos de familia.

En la situación planteada, se da la excepcional circunstancia de que Casandra sería biológicamente el padre del bebé (un hecho que en la actualidad se puede determinar de manera irrefutable mediante un examen de ADN), pero legalmente sería su madre (ya que ha adoptado una identidad de género femenina).

Cuando difundió su caso, Casandra se refirió a los pasos a seguir una vez producido el nacimiento. Y habló indistintamente de la cesión de tenencia y de la adopción, a pesar de tratarse de dos figuras jurídicas diferentes. En la primera de las hipótesis, la madre biológica cedería la tenencia a Casandra, quien desde el punto de vista legal es una mujer y, por lo tanto, madre. Al estar casada con un hombre, éste pasaría a ser (legalmente) el padre. La alternativa de la adopción, si bien fue mencionada, no sería aplicable, ya que un progenitor no puede adoptar a su propio hijo biológico.

En definitiva, lo que se configura es un esquema complejo para el que la legislación no tenía, y no tiene todavía, una respuesta acabada.

Y mucho menos existe una respuesta social unívoca a este tipo de situaciones. La reivindicación de la igualdad de derechos de todas las personas (lo que incluye vivir libremente la sexualidad y formar una familia) encuentra un límite contundente cuando involucra a menores de edad. Sin dudas, el derecho a la paternidad/maternidad de las personas homosexuales, bisexuales, transexuales y travestis es uno de los aspectos más controvertidos en relación con la diversidad sexual.

Sin temor a resultar retrógrado o reaccionario, hay que preguntarse: ¿en que medida se puede ver afectada la vida de ese niño? ¿Los actos de los adultos en nombre de lo que consideran su "derecho a ser felices" pueden desentenderse de las consecuencias que podrían tener sobre los niños involucrados?

Tal debate ofrece distintas "capas", que es necesario deshojar una a una; y ésa es la pequeña gran tarea que se abordará a lo largo de las páginas de este libro.

Algunas definiciones

En el tratamiento de los temas vinculados a la diversidad sexual, existe una cierta confusión respecto del uso de algunos términos, que son interpretados de manera diferente en el lenguaje cotidiano, en el ámbito médico o académico, en los textos legales.

Por su parte, y a lo largo de los años, el activismo y las organizaciones de defensa de los derechos de las personas sexualmente diversas han definido su propia terminología. Y también han puesto especial énfasis en el correcto uso de esta terminología, con el doble propósito de unificar significados y de desterrar del habla las expresiones denigrantes u ofensivas.

Respecto a qué es la homosexualidad, no hay equivocación posible: todo el mundo entiende que se trata de la inclinación sexual hacia individuos de su mismo sexo. Cuando se trata de mujeres homosexuales, se habla de lesbianas y de lesbianismo. Cuando se alude a varones homosexuales, suele utilizarse el anglicismo *gay*, si bien este vocablo también se aplica a la homosexualidad en general (tanto femenina como masculina). Otro tanto sucede con la bisexualidad, que es normalmente entendida como la atracción dual: hacia individuos del mismo sexo y del sexo opuesto.

Pero la claridad empieza a difuminarse cuando aparecen los términos *travesti*, *transexual*, *transgénero*, *intersexual*, o nuevos anglicismos como *queer* o *drag queen*. Para echar luz sobre ellos, es imprescindible formular la distinción conceptual entre orientación sexual e identidad de género.

La orientación sexual es una atracción emocional, romántica, sexual o afectiva duradera hacia otros. Adopta como posibilidades básicas la heterosexualidad, la homosexualidad y la bisexualidad. Pero también admite otras opciones, como la pansexualidad, que alude a las personas que se sienten atraídas sexualmente por otros individuos, más allá de su género. Esto quiere decir que un sujeto pansexual puede entablar vínculos íntimos con cualquier ser humano (con mujeres, hombres, travestis, transgénero, transexuales, intersexuales), ya que no otorga relevancia a las condiciones de género y sexo.

La asexualidad, que define a quienes no experimentan atracción sexual hacia otras personas, también se considera como una orientación factible. Sin embargo, no debe ser confundida con la abstinencia o el celibato, que obedecen a una elección *voluntaria*, fundada en motivos religiosos o personales, pero que no implican la supresión del deseo sexual.

La identidad de género se refiere a la vivencia interna e individual del género tal como cada persona la siente profundamente, y ella puede corresponder o no con el sexo asignado al momento del nacimiento. Atañe a la autopercepción (o percepción subjetiva) que cada persona tiene respecto de los arquetipos sociales de masculinidad o feminidad (género), con independencia de su sexo biológico, aquel que viene determinado por los cromosomas y los órganos reproductores internos y externos.

En este punto, tal vez resulte esclarecedora la frase acuñada por la escritora y activista norteamericana Janet Mock:

"La orientación sexual es la persona con la que me voy a la cama; la identidad de género es la persona con la que me identifico cuando me voy a la cama".

El universo trans

El proceso de formación de la propia identidad es una experiencia única, personal e intransferible, y en cierto sentido, ofrece un abanico de variantes tan particulares como seres humanos existen. La conciencia de uno mismo, del propio cuerpo y de la dimensión sexual del ser es el resultado de la interacción compleja de factores biológicos (características anatómicas), psicológicos (vivencias psíquicas individuales) y sociales (roles de género construidos socialmente).

Vivimos en un mundo dominado por la *heteronormatividad*. Una palabra muy compleja que resume una ideología muy básica. Ya que reduce la sexualidad humana a un sistema binario de pautas aceptables, que puede sintetizarse en las siguientes ecuaciones:

+ Genitales femeninos = identidad femenina = conducta femenina = deseo de pareja masculina.

+ Genitales masculinos = identidad masculina = conducta masculina = deseo de pareja femenina.

De allí que toda orientación o identidad disidente tienda a ser excluida, negada o desacreditada (cuando no perseguida y castigada).

La histórica invisibilidad de todo aquello que se encuentra por fuera del esquema heterosexista —es decir, lo que conocemos como la "diversidad sexual"—, se traduce a nivel del lenguaje en una gran confusión semántica. Dentro del área hispanoparlante, una misma palabra es usada con diferentes significados, no sólo de un país o región a otra, sino aun dentro de una misma comunidad. O se designa con un único vocablo a toda una gama de identidades de género diferentes entre sí.

En la nomenclatura aceptada internacionalmente, tanto por la literatura especializada como por las organizaciones públicas y no gubernamentales dedicadas al tema, se definen las siguientes identidades de género:

Transgénero: es el término que se emplea para describir a personas que, de distintas maneras, se identifican con el género opuesto al de sus características fisiológicas de nacimiento. En ese sentido, su identidad es transgénero. En consecuencia, existen hombres transgénero (al nacer se le asignó el sexo femenino pero se identifica como varón) y mujeres transgénero (al nacer se le asignó el sexo masculino pero se identifica como mujer).

Ello no invoca ninguna orientación sexual, pues los transgénero pueden reconocerse como homosexuales, heterosexuales o bisexuales.

Ahora bien, no todas las personas transgénero tienen la misma idea de lo que significa "ser mujer" o "ser hombre", y se sienten cómodos en distintos estadios de su transición. Es decir, no todas desean someterse a cambios hormonales y/o quirúrgicos para modificar su anatomía innata.

Transexual: es la expresión que usualmente se utiliza para designar a las personas que han concluido su transición hacia el género deseado. Esto quiere decir los que han tenido una cirugía de reasignación genital, y que no sólo desean vivir sus vidas como miembros del género opuesto al de su sexo biológico, sino que además desean modificar de forma permanente su cuerpo.

Al igual que en la categoría anterior, se puede hablar de hombre transexual y mujer transexual, y en ningún caso está asociado a alguna orientación sexual en particular.

Travesti: como el origen de la palabra lo indica (travestido), se centra en el acto de ponerse la ropa y los accesorios asignados al género opuesto al que la persona pertenece. En la construcción histórica del travestismo, se ha enfatizado el aspecto temporal del acto, pero en la actualidad se aplica a quienes de manera permanente asumen conductas o comportamientos asignados a las personas del sexo contrario. A diferencia de las personas transgénero y transexuales, los travestis aceptan su cuerpo y su género.

Cuando el travestismo tiene lugar en el contexto de una representación artística, se denomina a estos personajes *drag queen* y *drag king*. Estas caracterizaciones no pretenden ser realistas, sino que son deliberadamente exageradas y tienen una intención cómica o satírica de mofarse de los estereotipos asociados a lo femenino/masculino.

Actualmente se utiliza en muchos ámbitos, principalmente el académico y el del activismo, el vocablo "trans" (o también trans*, con asterisco) para englobar en un solo término a las personas transgénero, transexuales, travestis y, en general, a quienes cuestionan el binarismo entre hombre/mujer como única opción de identificación individual y social.

Otras categorías

Dentro de las manifestaciones de la diversidad, también se encuentra la intersexualidad, que es una condición física en la que existe una discordancia entre el sexo cromosómico, los genitales externos y los internos.

Antiguamente se la llamaba hermafroditismo, pero es un término que ha caído en desuso porque induce a la idea equivocada de que se trata de personas que son hombres y mujeres a la vez.

Algunas personas nacen con órganos sexuales externos que no se distinguen fácilmente como femeninos o masculinos. Otras personas tienen cromosomas sexuales que son distintos de los habituales XX (femenino) o XY (masculino).

Estas afecciones intersexuales pueden detectarse en el recién nacido o bien hacerse evidentes más adelante, durante la pubertad o incluso la edad adulta. La condición de intersexual alude específicamente a la presencia de algún grado de ambigüedad, pero no denota ni la orientación ni la identidad sexual de esa persona.

Por último, la categoría más novedosa, en el sentido de que es la de más reciente construcción, es la conocida bajo el nombre de *queer*, cuya traducción literal del inglés es "raro" o "excéntrico".

Desde hace un par de décadas, cierto sector de la población sexualmente diversa postula que la dirección que ha tomado el movimiento reivindicatorio no los incluye.

Para sus defensores, y aunque suene paradójico, *queer* es una palabra que sirve para definir una sexualidad por fuera de todas las definiciones. Desde una posición crítica, buscan situarse al margen del discurso, la ideología y el estilo de vida que tipifican las grandes corrientes (lesbianas, gays, bisexuales y trans), a las que consideran opresivas o con tendencia a la asimilación (esto es, que pretenden instalar una "normalidad gay", con estereotipos equivalentes a los de la cultura heterosexual).

En su evolución, como expresión y como movimiento, lo *queer* se ha erigido más como una identidad política que busca escapar de todo encasillamiento, y que la persona debe darse a sí misma. No subraya el hecho de ser homosexual o trans, ser más o menos masculina o femenino, etc., sino que apunta al acto de toma de conciencia de las reglas binarias y heteronormativas que la sociedad impone y a la lucha por deconstruirlas desde la raíz.

Y aquí surge un detalle interesante. Quizá lo *queer*, más que una tendencia, sea el conato de un cambio de conciencia. Una forma de pensar de alcance universal que, de algún modo, libere el deseo que cada quien pueda sentir frente a otro ser humano. Un futuro en el que nadie necesite "clasificarse" sino, y simplemente, manifestarse.

Pero, para ello, muchas otras cuestiones deberán ser resueltas.

El intento de síntesis

En el desarrollo histórico del movimiento de lucha por los derechos de la diversidad sexual, los propios protagonistas han utilizado distintas denominaciones para reconocerse a sí mismos. A partir de la llamada revolución sexual de los '60, decantó como identificatorio el término "homosexual", posteriormente reemplazado por "gay" (incluso en países de habla no inglesa), que en rigor refiere al homosexual varón. Ello motivó que posteriormente se empezara a usar la expresión "gays y lesbianas", para incluir a las mujeres.

Ya en la década de los '90, se generalizó a nivel internacional la sigla LGBT con el propósito de incorporar a todas las minorías sexuales. Más recientemente, se está empezando a agregar a la sigla la letra "I" de intersexuales y/o la letra "Q" de *queer*. Y a pesar de que no todas las poblaciones que engloba el colectivo LGBT se sienten plenamente representadas, su universalización ha constituido una herramienta fundamental para poner en la agenda un conjunto de problemáticas hasta hace poco ausentes.

Pero, evidentemente, toda clasificación tiene un carácter limitativo y, en consecuencia, tiende a opacar las particularidades que no encuadran con exactitud en ninguna de las categorías propuestas. En este orden de ideas, es importante puntualizar que no se trata de compartimentos estancos, ni que cada una de ellas agote la complejidad en que se expresa la sexualidad humana.

Podría decirse que el problema radica en la pretensión misma de etiquetar, de poner un rótulo a cada persona; rechazarla no sólo constituye una actitud plausible, sino que invita a abrir la mente y despojarse de prejuicios.

Pero también es cierto que lo que no puede ser nombrado, de algún modo, no existe. Hay que nominar estas realidades y a las comunidades e individuos involucrados en ellas, y que pugnan por un reconocimiento social y legal. Ponerles nombre a las cosas es una necesidad comunicacional y, en el caso de la diversidad sexual, forma parte del recorrido hacia la visibilidad y la aceptación.

Consensuar colectivamente una terminología es un proceso que debe impactar en el lenguaje formal, periodístico y jurídico. Pero igualmente debe generar cambios a nivel del habla popular, pródigo en acuñar infinidad de maneras vulgares de referirse a las personas sexualmente diversas; maneras despectivas o no, pero que no describen cabalmente lo que pretenden designar.

Subyace entonces el imperativo de tener una escucha activa, es decir, de prestar atención al modo en la que las personas *se identifican a sí mismas* y referirse a ellas *de ese modo*.

Esto supone un ejercicio consciente de respeto hacia "lo otro" o "lo diferente", una toma de posición deliberada para modificar costumbres e ideas.

Una persona transgénero que se identifica a sí misma como mujer, y que incluso ha modificado legalmente su estatus (obteniendo un documento de identidad que acedita el género femenino), ¿no merece ser llamada simplemente "mujer"?

¿Qué relevancia tiene si nació con genitales masculinos?

¿Por qué seguir insistiendo en señalarla como "la travesti" (o peor aun, "el travesti")?

Pero, desde luego, el desafío no se trata sólo de sentar términos adecuados.

Capítulo 2
SE HACE CAMINO AL ANDAR

"Cuando estuve en el ejército me dieron
una medalla por matar a dos hombres, y me
expulsaron por amar a uno".
Leonard Matlovich (1943-1988),
activista LGBT estadounidense

El hecho de que un caso como el de Casandra haya sido difundido y discutido en un programa de televisión hoy no sorprende a casi nadie. Por lo menos, en gran parte del continente latinoamericano y en muchos otros lugares del mundo. Siempre y cuando se respeten las restricciones de horario de protección infantil, este tipo de temas pueden ser abiertamente tratados en los medios de comunicación, sin que nadie ya cuestione la pertinencia de debatirlos públicamente.

Pero lo que hoy nos parece natural es el resultado de un lento pero irreversible cambio de mentalidad, de una dinámica social en que gradualmente todos nos reconocemos como sujetos de los mismos derechos. Porque el recorrido hacia la visibilidad no sólo tiene que ver con ciertas problemáticas, con poder *hablar* de ciertos temas; tiene que ver fundamentalmente con *personas* que experimentan una sexualidad diferente de la estadísticamente mayoritaria, y que tienen derecho −como mínimo− a vivir en paz y de acuerdo con su orientación e identidad sexual.

Para entender cabalmente los muros que ha sido necesario derribar, basta señalar algunos hechos cruciales. Hasta 1973, la poderosa Asociación Norteamericana de Psiquiatría consideró la homosexualidad como un trastorno mental. En efecto, hasta ese año ella figuraba dentro de la categoría de desviaciones sexuales del *Manual diagnóstico y estadístico de los trastornos mentales*, una publicación de enorme influencia en toda la comunidad científica internacional.

Este cambio de percepción fue recogido por la Organización Mundial de la Salud recién en 1990, cuando la homosexualidad fue definitivamente excluida de la Clasificación Internacional de Enfermedades.

Incluso en Estados Unidos –que, nos guste o no, marca el norte en aspectos decisivos de la cultura occidental–, la homosexualidad recién fue despenalizada a nivel nacional en 2003, y no por una ley federal sino por un fallo de la Corte Suprema. Y aunque hoy la realidad está en vías de ser otra, en ese momento todavía regían leyes que la castigaban penalmente en 13 estados.

A grandes males, grandes remedios

El reverso de esta moneda es bastante obvio. Si la atracción por personas del mismo sexo es una enfermedad, entonces debería existir una "cura". Esto dio lugar a elevadas dosis de salvajismo heterosexual.

Las llamadas "terapias reparativas" o "de conversión" (aunque más propiamente denominadas "de reorientación sexual") tuvieron su auge entre las décadas de 1940 y 1970, y surgieron tanto desde el ámbito médico como del religioso.

Con la premisa de que la homosexualidad era una psicopatología, se diseñaron técnicas que incluyeron tratamientos farmacológicos (terapia hormonal, suministro de estimulantes y depresores sexuales) y psiquiátricos (psicoanálisis, hipnosis, terapia de grupo). Dentro de estos últimos, se pusieron en práctica procedimientos radicales como la terapia de aversión y el electroshock. Estos tratamientos se planteaban generalmente como de largo plazo, y florecieron en discretas clínicas y consultorios particulares o comunidades terapéuticas a las que el interesado (o, más frecuentemente, su abochornada familia) abonaba una fortuna. También fueron usados en la esfera pública, por orden y cuenta del Estado, en hospitales y cárceles.

La usina de "terapeutas de la conversión" fueron desarrolladas principalmente Estados Unidos, pero las técnicas han sido utilizadas en muchos otros países.

Uno de los casos más resonantes fue el de Alan Turing, el célebre matemático inglés considerado el padre de la inteligencia artificial, quien en 1952 fue arrestado y juzgado por su condición de homosexual. Acusado de indecencia grave y perversión (hasta 1967, la homosexualidad constituía un delito en Inglaterra), se le dio la opción de cumplir la condena en prisión o realizar una terapia reparativa. Escogió esto último y se sometió durante más de un año a un tratamiento de castración química, consistente en inyecciones de hormona femenina (estrógeno), destinadas a reducir la libido. Los efectos físicos fueron, además de humillantes, devastadores para Turing (crecimiento de los senos, obesidad, disfunción eréctil) y lo sumieron en una profunda depresión. Cuando en 1954 apareció muerto por envenenamiento, en un episodio que aún hoy es considerado dudoso, corrió la hipótesis de suicidio, y no pareció descabellada.

Como fuere, las terapias de conversión continuaron empleándose, y algunos estudios indican que fueron cerca de 50.000 hombres los que padecieron este tipo prácticas en Reino Unido en el mencionado período.

En la España franquista, la homosexualidad fue ferozmente perseguida por inmoral. A partir de la sanción de la ley de peligrosidad y rehabilitación social, en 1970, se incorporó la noción de enfermedad y se dispuso en consecuencia la internación de los sospechados en un "establecimiento de reeducación". En los hechos, éstos no eran más que cárceles exclusivas para homosexuales, donde se aplicaban terapias de aversión (mientras se los exponía a estímulos homosexuales, recibían descargas eléctricas, que cesaban cuando se les presentaba estímulos heterosexuales).

En los primeros años de la Revolución Cubana, la política hacia los homosexuales fue absolutamente represiva. Fueron aprehendidos y condenados a "rehabilitación" en las llamadas Unidades Militares de Ayuda a la Producción (UMAP), en rigor campos de trabajo forzado adonde eran trasladados toda clase de individuos considerados "antisociales" o "contrarrevolucionarios"; intelectuales disidentes, emigrantes en potencia, drogadictos, opositores a la colectivización de tierras, religiosos, etc.

Pero la reclusión de los homosexuales en las UMAP constituía además parte de una política sanitaria de "erradicación", que entendía la homosexualidad como una enfermedad prevenible, lo cual no sólo suponía someter a tratamiento a los "confesos", sino que también apuntaba a aplicar técnicas de "prevención temprana" a los "sospechosos". Estas tareas estaban a cargo de investigadores de la Universidad de La Habana, cuyos métodos combinaban descargas eléctricas y terapias hormonales, con burdos procedimientos que consistían en dejar sin agua y sin comida al recluso durante tres días, mientras le mostraban fotos de hombres desnudos; luego le daban alimento y le mostraban fotos de mujeres. El tratamiento se repetía una y otra vez hasta que los investigadores confirmaran, mediante interrogatorio, la rehabilitación del prisionero.

Afortunadamente, al compás de la desclasificación de la homosexualidad como enfermedad o trastorno y de la probada ineficacia de estos tratamientos −en el sentido de lograr el objetivo que se proponen−, la aplicación de las terapias reparativas se ha vuelto marginal. Incluso en muchos países actualmente se encuentran prohibidas por ley.

La sanación espiritual

Otra vertiente de "curación" se ha desarrollado de la mano de Iglesias cristianas, asociadas en muchas ocasiones a movimientos "exgay" (personas con inclinaciones homosexuales que supuestamente han modificado exitosamente su orientación sexual).

Parten de la convicción de que los sentimientos y las conductas homoeróticas tienen su origen en heridas emocionales ancladas en la niñez, y en una detención en el proceso de maduración por causas traumáticas. Para ellos, la homosexualidad no es electiva, tampoco es innata ni tiene base genética, sino que se adquiere y constituye como una enfermedad del alma, y como tal tiene solución.

Para "curarla" se basan fundamentalmente en una "limpieza" espiritual basada en la oración, el ejercicio de la voluntad (dominio de sí mismo) e incluso el exorcismo (para "desalojar" a los demonios). A ello se suman técnicas tomadas de la psicoterapia (talleres de roles, de recuperación de la figura paterna, de identificación masculina,) y poco rigurosas terapias de condicionamiento aversivo (castigos asociados a los "malos" pensamientos), aplicadas al margen del sistema de salud y fuera de todo código de ética profesional.

También hacen uso de recursos provenientes de organizaciones como Alcohólicos Anónimos, como por ejemplo la figura del mentor o padrino, el sistema de Doce Pasos y los grupos para controlar "recaídas".

En otros términos, se trata de una intervención psicológica y pastoral que puede conllevar períodos de internación de hasta dos años en centros o "granjas" comunitarias, o asumir la modalidad de "jornadas de retiro" o "campamentos" de entre tres y siete días de duración.

La aspiración de máxima es convertir al homosexual en heterosexual, y la de mínima, reprimir el deseo y la atracción hacia las personas del mismo sexo. Se induce a los pacientes a formar una pareja heterosexual y a "esforzarse" por hacerla funcionar; y, si esto no es posible, a adoptar la castidad como pauta de vida.

Si bien estos programas nacieron dentro de grupos evangélicos, se ha extendido a otras congregaciones religiosas como mormones, católicos, musulmanes y judíos. Y no son precisamente reliquias del pasado. Tienen aún enorme prestigio no sólo en Estados Unidos, de donde son oriundos, sino también en otras latitudes. Incluso con esta filosofía se han fundado organizaciones de carácter internacional con sedes en distintos países, tales como *Love in Action, Courage International, People Can Change, Exodus Internacional,* creadas con el único propósito de ofrecer tratamientos de reorientación sexual.

Todos los defensores de la terapia reparativa o de conversión, tanto en su variante médica como espiritual, se defienden de las críticas denunciando continuamente al "lobby gay", que pretendería promover la opción homosexual e imponer el estilo de vida gay a toda la sociedad.

Del ocultamiento al orgullo

Uno de los puntos de inflexión en el largo recorrido del reconocimiento de la diversidad lo constituye la instauración del Día del Orgullo Gay, y de las marchas que se celebran para conmemorarlo.

Su origen se remonta a los episodios que tuvieron lugar en Nueva York a fines de los '60, en una época en que la homosexualidad aún era percibida como una enfermedad. El bar *The Stonewall Inn,* ubicado en el corazón de Manhattan, era un lugar habitual de reunión de gays, lesbianas, travestis y transexuales, y allí las redadas policiales eran rutina. En la noche del 28 de junio de 1969, la irrupción policial fue particularmente violenta, y la reacción de los presentes particularmente combativa. La gente que se encontraba en el bar se resistió a los arrestos y se apostó en la vereda del local, negándose a abandonar el lugar. De a poco se fueron congregando más personas hasta formar una verdadera multitud (que algunos sitúan en las 2000 personas), que se unieron bajo el grito de lucha "*Gay power*", o "Poder gay". Recién pudieron ser dispersados cuando la policía recibió refuerzos.

Sin embargo, lo que parecía haber sido un incidente más, se transformó en la gota que desbordó un vaso demasiado colmado. Al día siguiente, miles de personas se juntaron frente al bar para protestar por los acontecimientos. Con la llegada de más de 100 efectivos del escuadrón antidisturbios, la situación desembocó en una batalla campal, en la calle, con el saldo de numerosos detenidos, heridos y grandes destrozos.

Poco después se fundaba en Nueva York el Frente de Liberación Gay, el primer movimiento de reivindicación de los derechos de los homosexuales en suelo norteamericano, bajo cuya inspiración rápidamente se crearon asociaciones similares en San Francisco, Londres y Colonia (Alemania). Con la publicación de sus propios periódicos, la organización de bailes y fiestas para parejas del mismo sexo y, sobre todo, con la realización de actos de confrontación (por ejemplo, increpando a los políticos en eventos públicos), estos combatientes marcaron el inicio de una nueva era.

En Latinoamérica, hubo también algunos movimientos pioneros. De esa época data la formación en Buenos Aires de la primera entidad de defensa de los derechos homosexuales en el subcontinente: el Grupo Nuestro Mundo.

Al cumplirse el primer aniversario de los disturbios en el bar *Stonewall*, se convocó a una marcha conmemorativa que se realizó simultáneamente en Nueva York, Los Ángeles y Chicago. Nacía así lo que hoy conocemos como la Marcha del Orgullo, que se lleva a cabo anualmente en cientos de ciudades del mundo.

La celebración fue denominada inicialmente Día de la Liberación *Gay* (término que en inglés, recordemos, alude principalmente a los homosexuales varones). En la década del '80 se incorporó a su nombre el término "lesbiana", y a mediados de los '90 tomó su actual denominación, Día Internacional del Orgullo LGBT (lesbianas, gays, bisexuales y transexuales). Se trata de coloridas fiestas y desfiles callejeros que convocan a un número cada vez mayor de personas, no exclusivamente entre los activistas sino también entre los ciudadanos comunes. Más allá de su carácter festivo, se erige como un hecho político en demanda de mayor visibilidad e igualdad de derechos del colectivo LGBT, y en muchas partes suele contar con la presencia de funcionarios, políticos, estudiantes, sindicatos y otras organizaciones de la sociedad civil.

La marcha más multitudinaria del mundo es hoy la de San Pablo, Brasil, con cerca de tres millones de participantes. En América Latina, la marcha más antigua es la del Distrito Federal de México, realizada por primera vez en 1978, y que actualmente reúne a más de medio millón de personas. En Europa la más convocante es la de Madrid, seguida por las de Londres, París y Amsterdam. Desde 1992 se celebra un evento continental llamado *Europride*, con sede itinerante.

En África la marcha se celebró por primera vez en Johannesburgo (Sudáfrica) en 1990, mientras que en Asia lo propio ocurrió en Manila (Filipinas) en 1994. Asimismo, Turquía fue el primer país de población mayoritariamente musulmana donde esta marcha celebratoria se llevó a cabo, y fue en la ciudad de Estambul, en 2003.

Sin embargo, pese al continuo crecimiento de estas manifestaciones a lo largo y ancho del planeta, no todo es un lecho de rosas. Desde ya, en aquellos países en donde la homosexualidad está penalizada, es prácticamente imposible la realización de esta clase de eventos públicos. Pero, en algunos países donde las relaciones entre personas del mismo sexo son legales, tampoco se han podido realizar, por los ataques y las amenazas de grupos conservadores y de derecha, que en ocasiones organizan "contra-marchas", o por la prohibición por parte de las autoridades municipales, que arguyen razones de seguridad pública o de "propaganda" inmoral. Tales situaciones se han vivido en Moscú, Varsovia, Riga, Belgrado, entre otras.

Afuera del clóset

Los nuevos aires que comenzaron a circular a principios de los años '70 pronto tuvieron expresión en la "salida del armario" de figuras popularmente conocidas. Uno de los primeros ámbitos donde esto ocurrió fue en el de la música rock, por naturaleza asociado a la rebelión y la transgresión. Encabezó la lista el músico inglés David Bowie, quien en 1972, en una entrevista para una revista especializada, declaró ser bisexual. Si bien años más tarde relativizó sus dichos, no ha dejado de constituirse en un ícono de la liberación sexual.

Poco tiempo después, hicieron lo propio los también cantantes británicos Freddie Mercury y Elton John. Desde entonces han sido numerosos los artistas que han revelado su orientación sexual. Sólo por mencionar un par de ejemplos de personalidades de gran popularidad entre los hispanoparlantes, podemos citar a la cantante nacionalizada mexicana Chavela Vargas, quien a los 81 años de edad declaró que era lesbiana. Por su parte, el cantante portorriqueño Ricky Martin, dos años después de que nacieran sus hijos (concebidos por inseminación artificial y gestados en un vientre de alquiler), utilizó las redes sociales en 2010 para hacer pública su homosexualidad.

Entre los deportistas, causó sensación la confesión de la estrella del fútbol americano David Kopay en 1975, poco después de haberse retirado de la práctica profesional. A través de sus declaraciones, escandalizó a la sociedad estadounidense, desnudando la hipocresía del ambiente del deporte profesional, paradigma del machismo y la masculinidad, y donde se supone que no hay cabida para los homosexuales. En adición, puso en entredicho el estereotipo gay (como un hombre afeminado y "delicado"), por cuanto, gracias a su gran atractivo físico y aspecto viril, había posado para el póster central de la revista para adultos *Playgirl*.

En 1981, y ya en la cumbre de su carrera, la tenista checonorteamericana Martina Navratilova admitió ser lesbiana en un reportaje publicado por el *New York Daily News*.

Otro hito en el camino de la visibilidad de la homosexualidad fue el caso de Leonard Matlovich, un miembro de la Fuerza Aérea de Eestados Unidos que había sido condecorado por sus servicios durante la Guerra en Vietnam. En 1975, mientras se desempeñaba como instructor con el rango de sargento, resolvió comunicar a sus superiores su condición homosexual (algo que era motivo de exclusión en las Fuerzas Armadas norteamericanas). Comenzó un penoso proceso administrativo, en el cual se le llegó a ofrecer la permanencia en su cargo a cambio de comprometerse por escrito a no volver a practicar la homosexualidad, a lo que se negó. Finalmente fue dado de baja, pero Matlovich llevó su causa a los tribunales, y en 1980, la Justicia le dio la razón, y recibió el pago de una cuantiosa indemnización.

Luces y sombras

Pero, sin dudas, un factor que influyó considerablemente fue la aparición del sida, a mediados de los '80, con la oleada de paranoia y estigmatización que tal enfermedad generó. Gran conmoción causó la muerte de Rock Hudson en 1986, a causa del mal, porque puso en negro sobre blanco su homosexualidad, que dejó atónitos a millones de fanáticos.

Salir del armario en aquella época equivalía a cavarse la propia tumba. Sin embargo, y afortunadamente, la historia está llena de valientes. El actor inglés Ian McKellen rompió el silencio en una entrevista radial en 1988, cuando tenía cerca de 50 años de edad y una sólida trayectoria en teatro y cine. En ese momento el gobierno conservador de Margaret Thatcher introdujo una reforma legislativa que penalizaba la "promoción" de la homosexualidad y prohibía "la enseñanza en cualquier escuela subvencionada de la aceptación de la homosexualidad como una supuesta relación familiar". Decidido a dar batalla, McKellen participó activamente en la campaña para revocar su aprobación, no sólo asumiendo públicamente su homosexualidad, sino también liderando la organización de la comunidad gay en defensa de sus derechos. En esa oportunidad, el objetivo no se logró, ya que la norma estaría vigente por más de 15 años; pero la lucha contra su aplicación marcó un antes y un después en el Reino Unido. La carrera de McKellen no se vio afectada; de hecho, a partir de allí obtuvo papeles consagratorios en las más taquilleras producciones cinematográficas (tales como las sagas *El señor de los Anillos* y *X-Men*) y recibió infinidad de galardones por su labor. Ironías del destino, en 1991 fue nombrado Caballero del Imperio Británico, recibiendo el título de *Sir*.

En Estados Unidos el cimbronazo fue protagonizado por Ellen DeGeneres, estrella de una exitosa serie televisiva, que en 1997 salió del clóset por partida doble. Luego de que su personaje en la tira se asumiera como lesbiana, ella misma hizo lo propio en la vida real. El lugar elegido por la actriz fue el *talk show* de Oprah Winfrey, el programa de entrevistas más visto en la historia de la televisión norteamericana, lo que le dio enorme repercusión al anuncio. No obstante, el tratamiento que los medios de comunicación dieron al tema fue impiadoso y de gran contenido homofóbico, lo que se tradujo en que la serie fuera levantada y que DeGeneres no volviera a conseguir trabajo en los siguientes tres años. Esta cruzada de rechazo incluso perjudicó la carrera de su pareja en ese momento, la también actriz Anne Heche. DeGeneres es hoy una de las más carismáticas y exitosas estrellas de la televisión.

La llegada del nuevo siglo halló el terreno más despejado. Actualmente nadie se sorprende por este tipo de revelaciones, a las que de a poco se fueron sumando celebridades de distintos ámbitos, que decidieron dejar de vivir una doble vida y hablaron abiertamente de su sexualidad, poniendo fin a especulaciones y rumores.

Nuevos contenidos

Los cambios legales y sociales respecto de la diversidad sexual que se fueron dando a partir de los años '70 no sólo se vieron reflejados en una mayor libertad de los artistas para revelar su orientación sexual. También tuvieron su correlato en los contenidos de las producciones audiovisuales, tanto en lo que respecta a las temáticas abordadas como a las características de los personajes.

En la industria cinematográfica norteamericana, rigió un férreo sistema de regulación durante las tres décadas de vigencia del llamado Código Hays, aproximadamente desde 1934 a 1968. Elaborado por la Asociación de Productores y Distribuidores de Cine de Estados Unidos, ese código contenía una serie de disposiciones orientadas a garantizar un estándar de moralidad en las películas originadas en Hollywood, con el propósito de que no fueran objeto de censura gubernamental.

Este conjunto de normas proponía una sexualidad recatada, en la que las escenas de pasión quedaran reducidas a la mínima expresión, evitando la lascivia excesiva, los desnudos, los bailes provocativos y las relaciones extramatrimoniales (excepto si eran presentadas como desdeñables, punibles o poco atractivas). Y, si bien no se hacía mención específica a la homosexualidad, claramente ésta constituía una temática prohibida, por cuanto se recomendaba no mostrar los "comportamientos sexuales ilícitos" y los "amores impuros".

En la práctica, ello funcionó como un formidable mecanismo de autocensura (que sólo los cineastas más creativos osaban desafiar con referencias no explícitas, mensajes ocultos y dobles sentidos), y de veto a toda producción independiente o europea que incumpliera las normas del código.

Pese a ello, en este período los "mariquitas" fueron personajes comunes en los filmes, caracterizados como hombres abiertamente amanerados, que sobre todo protagonizaban situaciones cómicas. Se propagaba una imagen de estas personas como "desviadas", lindantes con lo grotesco, y no como expresando una sexualidad distinta de la preminente. En su defecto, debían verse como seres atormentados y con un destino necesariamente trágico.

La abolición del Código Hays, junto con el despertar del movimiento LGBT, marcó un cambio de rumbo en la industria. Así comenzaron a surgir producciones que mostraban (y muestran) otra cara de la homosexualidad.

Si bien se mantuvieron ciertos estereotipos, películas como *Cabaret* (1972) o *Tarde de perros* (1976) retrataron homosexuales creíbles, que no experimentan sentimientos de culpabilidad por su condición y cuyas vidas no están signadas por el sufrimiento.

Mientras tanto, en el cine europeo, que nunca estuvo tan condicionado como el norteamericano por los preceptos de una moralidad "aceptable", también se verificó un auge de la temática gay en los años '70. Entre otros títulos, se destacan la italiana *Muerte en Venecia* (1971), la alemana *La ley del más fuerte* (1974) y la inglesa *Sebastiane* (1976). Incluso en esta lista cabe incluir la exitosa coproducción franco-italiana *La jaula de las locas* (1978), un hito que, aun en clave de comedia disparatada, reflejaba la historia de una pareja de homosexuales maduros con una vida familiar sólida. Ante el casamiento del hijo de uno de ellos, ambos se veían enfrentados a la necesidad de fingir para encajar dentro de los moldes de lo supuestamente "normal". Los personajes eran risibles, sí, pero el fondo satírico y su enseñanza no eran nada obedientes a los cánones de una moralidad esclerótica.

A partir de los años '80, la realidad LGBT empezó a ser enfocada desde un nuevo prisma, en un marco de respeto, aceptación y compromiso social. En 1986 se estrenó el primer filme en abordar la problemática del sida, *Parting Glances* (o *Miradas en la despedida*), a la que siguieron *Y la banda siguió tocando* y *Filadelfia* (ambas de 1993), todas ellas con un fuerte contenido de denuncia de la discriminación y la homofobia que en ese momento suscitó la llamada "peste rosa".

De a poco las pantallas se fueron poblando de personajes de "carne y hueso", en toda su dimensión humana, incluso en roles protagónicos. Hablar de la homosexualidad dejó de ser patrimonio exclusivo del cine clase B y de los circuitos marginales de exhibición. Y esta revolución de los contenidos no sólo involucró a la meca del cine —Hollywood—, sino también a la industria europea, con recordados títulos como *El juego de las lágrimas* (1992), *Noches salvajes* (1992) y varios de los filmes rodados por el español Pedro Almodóvar. Incluso llegó al continente asiático, donde causaron gran revuelo la taiwanesa *El banquete de boda* y la china *Adiós a mi concubina*, ambas de 1993.

La cita máxima del cine mundial, la entrega de los premios Oscar, también se rindió ante el aluvión de nuevas miradas sobre la diversidad sexual. *El beso de la mujer araña* (1985), la mencionada *Filadelfia* y *Monster* (2003) les depararon a sus protagonistas (William Hurt, Tom Hanks y Charlize Theron, respectivamente) sendos galardones por su interpretación de roles homosexuales.

Hacia finales de los años '90, el fenómeno se fue extendiendo a la televisión, con el surgimiento de numerosas series que abordan el universo LGBT, ya fuera bajo el formato de comedias de situación (*sitcoms*) o de corte dramático. En algunos casos, como temática excluyente y protagónica (*Will &Grace*, *Queer as Folk*). En otros shows, los personajes y las historias vinculadas a la homosexualidad tuvieron un papel secundario en la trama, pero no por ello menor trascendencia.

Todas estas series fueron emitidas en horario central y con altísimos niveles de audiencia, lo que permite afirmar que, sin dudas, ellas han producido un profundo impacto cultural y han cumplido una importante función "educadora" en materia de reconocimiento de la diversidad. Y no sólo en los países del Primer Mundo, donde han tenido origen, sino también en todas aquellas sociedades a donde estas producciones han sido exportadas y han sido igualmente exitosas.

Color local

Latinoamérica no se ha quedado al margen de las nuevas tendencias del mundo del espectáculo, incluso; en ocasiones ha estado a la vanguardia por la audacia en el tratamiento de la temática.

México tiene una importante tradición en la materia, quizás no tanto por la cantidad de producciones, pero sí por la seriedad en el abordaje y la temprana apertura.

La pionera *El lugar sin límites*, dirigida por Arturo Ripstein en 1977 y basada en la novela homónima del escritor chileno José Donoso, es aún hoy un película de culto, más allá de que una mirada actual la encontraría más esquemática y menos transgresora que en ese entonces. Su descarnado retrato de la sociedad pueblerina mexicana y del submundo marginal de los burdeles, el cuestionamiento al machismo y a los patrones de virilidad establecidos, así como el hecho de ubicar en el centro de la escena a una travesti que se asume como tal y despierta profundas pasiones, son algunos de los elementos que hacen de esta obra una referencia obligada en la historia del cine gay.

El realizador Jaime Humberto Hermosillo incluyó en varios de sus filmes de los años '70 aproximaciones a la problemática de la homosexualidad, aunque de forma anecdótica o incidental. Pero con *Doña Herlinda y su hijo* (1985) se dedicó abiertamente al tema, al narrar una relación amorosa entre dos hombres, en la que intercambian visiblemente caricias, besos, ternura y sexo.

En la Argentina de mediados de los '80, tras la caída de la última dictadura militar, se inició una etapa de producciones de gran contenido político y de cierto "destape", como reacción a largos años de censura y opresión. Sucesivamente se estrenaron *Adiós Roberto* (1985) y *Otra historia de amor* (1986), en las que se retrataba a hombres heterosexuales (y casados) que, en un inesperado giro, entablan una relación sentimental con otro hombre. El principal valor de estos filmes residió en su descripción de personas "comunes y corrientes" que simplemente se enamoraban de un compañero de trabajo o de un vecino.

De todas formas, la temática todavía provocaba resistencias. Prueba de ello es que, cuando una de estas películas fue emitida por la TV abierta años más tarde, se exhibió una versión recortada (se eliminaron los 10 minutos finales), de modo tal que se terminaba sugiriendo que el personaje principal decidía volver con su esposa, con lo que la experiencia homosexual quedaba reducida a un mero desliz o a un momento de confusión. Evidentemente existía aún cierto puritanismo, que impedía mostrar un "final feliz" en una trama de esta naturaleza.

La llegada de *Fresa y chocolate* (1994), una coproducción española, cubana y mexicana, marcó un hito por su vasta difusión en todo el continente. Ambientada en la Cuba de los '70, su fórmula es bastante convencional: la confrontación entre dos personajes radicalmente opuestos, un homosexual de mediana edad, disidente, lúcido, culto y refinado, y un joven heterosexual defensor de la ortodoxia revolucionaria, prejuicioso y dogmático.

En Perú la punta de lanza fue el filme *No se lo digas a nadie* (1998), basado en la exitosa novela autobiográfica de Jaime Bayly, que recorría el camino del despertar homosexual de un joven de clase alta.

En Colombia, el estreno de *La virgen de los sicarios* (1999) levantó una gran polvareda y airadas críticas de los sectores conservadores, que hasta llegaron a reclamar que se prohibiera su exhibición. La combinación de homosexualidad y narcotráfico (el protagonista vive un tórrido romance con un sicario de 16 años) resultó demasiado incómoda para muchos.

En la esfera del poder

El mundo de la política no ha sido en absoluto ajeno a estos cambios.

El belga Elio Di Rupo es considerado el primer político declaradamente gay en llegar a las máximas posiciones de gobierno. De larga trayectoria en su país desde 1982, cobró notoriedad en 1996, cuando admitió su sexualidad. Desde entonces, ocupó puestos clave a nivel regional y federal; fue designado primer ministro de Bélgica en diciembre de 2011.

El socialista Bertrand Delanoë es recordado por ser el primer político en la historia de Francia en declarar su homosexualidad, durante una entrevista televisiva en 1999. Dos años más tarde, fue electo alcalde de la ciudad de París.

Klaus Wowereit, miembro del Partido Socialdemócrata alemán, saltó a la fama en 2001 cuando, en plena campaña electoral por la alcaldía de Berlín, afirmó: "Soy gay, y está bien que sea así", la que se convirtió en una frase célebre en toda Alemania. No sólo ganó las elecciones, sino que fue reelecto dos veces consecutivas al frente del ayuntamiento berlinés.

Johanna Sigurdardottir, líder del Partido Socialdemócrata de Islandia, se convirtió en la primera mujer abiertamente lesbiana de la historia en llegar a ser una jefa de Gobierno, en febrero del 2009.

Ese mismo año, Zúrich pasó a ser la primera gran ciudad europea en ser conducida por una mujer homosexual, cuando la socialista Corine Mauch fue elegida para el cargo de alcaldesa.

El actual primer ministro de Luxemburgo, Xavier Bettel, ha asumido públicamente su condición de homosexual desde los comienzos de su carrera política. Luego de que el Parlamento sancionara la ley de matrimonio igualitario, en junio de 2014, Bettel fue uno de los primeros en anunciar su compromiso matrimonial con su pareja, con quien convive en unión civil desde 2010.

En México, Patria Jiménez, dirigente de una organización de defensa de los derechos de las lesbianas, fue electa diputada en 1997, convirtiéndose así en la primera congresista federal públicamente homosexual en la historia del país.

En la Argentina, en 2011 Osvaldo López asumió como senador nacional, siendo el primer parlamentario legalmente casado con una persona de su mismo sexo en América Latina.

La ex diputada y actual viceministra de Gobernación y Policía de Costa Rica, Carmen Muñoz, no tuvo reparos en proclamar en una entrevista en uno de los diarios de mayor circulación del país: "Soy una mujer que ama a otra mujer", lo que la sitúa como la única costarricense abiertamente lesbiana que ha ejercido un cargo parlamentario o ministerial.

Como dato adicional, cabe señalar que a mediados de 2014 se llevó a cabo en Lima, Perú, el Primer Encuentro de Liderazgos Políticos LGBTI de América Latina y el Caribe, bajo la consigna de "promover y visibilizar la participación política de la población lesbiana, gay, bisexual, trans e intersex dentro de las instituciones democráticas de sus Estados, en los escenarios de participación política de la región y en los sistemas internacionales de protección de los derechos humanos". En ese marco se contabilizaron en la región más de 70 personas sexualmente diversas ocupando cargos públicos.

Un nuevo paradigma, sin duda, comienza a reinar sobre el mundo. Aunque, como veremos, no se puede hablar de su victoria irrestricta.

Capítulo 3
HOMOSEXUALIDAD:
ESTADO DE SITUACIÓN

> "Cuando un actor reconocido miente sobre su homosexualidad, sólo hay que compadecerse de él. Hay que recordar que nadie ha tenido que mentir jamás sobre su heterosexualidad."
>
> Ian McKellen (n. 1939), actor británico

En la últimas dos décadas, el mundo parece marchar en dos direcciones opuestas. En una parte, en lo que denominamos con vaguedad "Occidente", la visibilidad y el reconocimiento de la diversidad ganan terreno día a día. La otra parte parecería encaminada hacia una mayor condena y endurecimiento. En el medio, hay un conjunto de sociedades donde no están formalmente prohibidas las relaciones entre personas del mismo sexo, pero en las que se verifican altos niveles de persecución, discriminación y violencia contra ellas. Veamos algunos casos.

La criminalización

Hay países en el mundo en que la homosexualidad es considerada un delito. De acuerdo con el último informe de la Asociación Internacional de Lesbianas, Gays, Bisexuales, Transexuales y Personas Intersex (ILGA, según sus siglas en inglés), y a nivel global, en por lo menos 76 países rigen leyes que criminalizan las relaciones consensuadas entre adultos del mismo sexo. De ellos, 37 se hallan en África y 21 en Asia.

En el continente americano se encuentran en esta lista 11 naciones, en su mayoría pequeños Estados insulares del Caribe: Antigua y Barbuda, Barbados, Belice, Dominica, Granada, Guyana, Jamaica, San Cristóbal y Nieves, Santa Lucía, San Vicente y las Granadinas, Trinidad y Tobago.

Uno de los castigos más frecuentes, allí donde la homosexualidad es punible, es la prisión, que puede ir desde unos pocos meses hasta los 30 años, llegando en algunos casos a reprimírsela con cadena perpetua (Sierra Leona, Tanzania, Uganda, Zambia, Barbados, Guyana, Bangladesh).

En ocasiones estas penas pueden ser complementadas con correctivos adicionales: latigazos (Irán), fustigación o azotes (Malasia), castigos corporales (Malawi), destierro (Maldivas), multas (Pakistán, Sri Lanka, Argelia, entre otros). Asimismo, en algunas legislaciones se prevén las llamadas "medidas de seguridad", que quedan a criterio del tribunal interviniente y consisten en la internación del acusado en hospitales psiquiátricos (Dominica) o en colonias agrícolas (Angola), y la prohibición del ejercicio de su profesión (Mozambique).

En el otro extremo, existen países donde, según las circunstancias, puede aplicarse la pena de muerte:

+ Irán: corresponde la pena capital en el caso de varones "maduros, mentalmente sanos y capaces de libre decisión". En el caso de las mujeres, si han sido penadas en tres ocasiones por lesbianismo, a la cuarta y por reincidencia son ejecutadas.

+ Arabia Saudita y Yemen: si se trata de varones casados que incurren en actos homosexuales, son castigados con la muerte por lapidación.

+ Sudán: en la tercera oportunidad en que un varón es juzgado por cometer sodomía, es condenado a muerte.

+ Mauritania: todo varón musulmán adulto que cometa un *acto indecente* o *contra natura* con un individuo de su sexo será castigado con la pena de muerte por lapidación pública.

* Nigeria: si bien las leyes federales establecen en general penas de prisión, en 12 estados del norte del país se ha implantado la pena de muerte para varones que mantengan relaciones sexuales con personas de su mismo sexo.

* Somalia: si bien el Código Penal prescribe la cárcel para quienes cometan actos homosexuales, la convulsionada situación política y virtual secesión en que se encuentra el país hace más de dos décadas ha significado que, en varias regiones meridionales, se aplique de hecho la pena de muerte para este tipo de actos.

En muchas latitudes, además, se penaliza también a quien no denuncie ante las autoridades policiales a los homosexuales, lo que naturalmente es fuente de toda clase de arbitrariedades y abusos, haciendo de la apariencia o los simples rumores el principal argumento de sospecha.

Como es de suponer, la letra de las leyes que criminalizan los actos entre personas del mismo sexo está plagada de conceptos negativos. Allí se habla de personas "perversas", "desviadas"; de actos "no naturales", "gravemente impúdicos", de "gran indecencia", "impropios", "ignominiosos"; de delitos "contra natura", de "abominables crímenes", de "conductas viciosas" y de "ultraje al pudor".

Claramente, la homosexualidad es vista como una amenaza a la heterosexualidad, a los roles definidos para los hombres y las mujeres (binarismo), y al orden social en general, porque pone en entredicho la función estrictamente reproductiva del sexo, reforzando los aspectos placenteros y vinculados a la satisfacción de la actividad sexual humana.

En este sentido, resulta ilustrativo que en un gran número de casos (Tanzania, Zambia, Malasia, Myanmar, Belice, Dominica, entre otros) lo que se tipifica como delito es la sodomía (coito anal), tanto cuando es practicada entre dos hombres como entre un hombre y una mujer.

Es decir, aunque se dé en el marco de relaciones volunta-
rias entre adultos de distinto sexo (incluidas parejas casadas),
a esta práctica se la considera un "conocimiento carnal contra
el orden de la naturaleza".

Otro aspecto a destacar es que la legislación que regula
esta materia es, en la mayoría de los países, bastante clara
en lo que se refiere a relaciones homosexuales entre varones,
ya que se establece explícitamente que se configura el delito
cuando los involucrados son dos hombres. En cambio, el panorama se vuelve más difuso cuando se trata de mujeres.

En contados casos, se habla específicamente de relaciones
sexuales lésbicas, y eventualmente debe interpretarse que se
encuentran incluidas por cuanto se penaliza a las personas
(sin especificar género) que cometen "prácticas indecentes"
o "antinaturales". Paradójicamente, hay muchas naciones en
donde la normativa alude sólo a actos entre varones, por lo
que razonablemente puede inferirse que la homosexualidad
femenina está permitida (o por lo menos no es ilegal).

Sin embargo, es poco probable que tales sociedades la
acepten o toleren; más bien parecería ser el producto de un
vacío legislativo. O, tal vez, la mera idea de sexo entre mujeres genere una repulsión tan aguda que ni siquiera puede ser
nombrada.

Entornos hostiles

Uno de los principales "núcleos duros" de la homofobia de
Estado se encuentra en la región de Oriente Medio y Norte
de África, también conocida como MENA (por el acrónimo
en inglés de *Middle East & North Africa*). No hay un consenso absoluto en cuanto a los países que la integran, pero
comúnmente esta región abarca 18 territorios, de los cuales
13 se encuentran en Asia (Arabia Saudita, Bahrein, Emiratos
Árabes Unidos, Irán, Irak, Jordania, Kuwait, Líbano, Omán,

Palestina, Qatar, Siria y Yemen) y 5 en África (Argelia, Egipto, Libia, Marruecos y Túnez).

Muchos de los países de esta región tienen sistemas legales basados en la Sharia (la ley islámica), y algunos de ellos incluso designan en sus constituciones el islam como la religión del Estado.

La Sharia no es un *corpus* de derecho positivo en el sentido que se entiende modernamente, sino un código de conducta que regula todos los aspectos de la vida (religiosos, políticos, privados y públicos), y que es a la vez un sistema de justicia civil y criminal. La Sharia no constituye un dogma cerrado, sino que reconoce diversas fuentes (el Corán, las narraciones de los dichos de Mahoma, el consenso reinante, la jurisprudencia, etc.) y, por ende, concede un importante margen a la interpretación por parte de juristas y tribunales religiosos.

Se trata de sociedades extremadamente patriarcales, en las que las mujeres se encuentran totalmente subordinadas a los hombres, principalmente a los de familia. Así, padres, hermanos y maridos ejercen una autoridad absoluta sobre ellas, que dependen de la supervisión o autorización masculina para realizar las actividades cotidianas más elementales.

En el plano sexual, la preservación de la virginidad de las mujeres, probada por el himen, es la que conserva su honor personal y el de sus parientes varones, sin importar el comportamiento de éstos. El adulterio femenino es severamente castigado (hasta con la pena de muerte), mientras que los varones infieles no reciben castigo.

La mutilación genital femenina es una práctica habitual en la región del MENA, especialmente en Egipto, Sudán y Yemen. Sus objetivos principales son destruir el placer sexual y controlar la sexualidad de la mujer, y se lleva a cabo durante la infancia o pubertad. Según datos de la Organización Mundial de la Salud, esta práctica afecta a unas 140 millones de mujeres en el mundo, de las cuales el 70% vive precisamente en la región del MENA.

En pocas palabras, el sexo está estrictamente regulado bajo el sagrado lazo del matrimonio heterosexual y orientado exclusivamente a la procreación. En este contexto, las relaciones entre personas del mismo sexo son vistas como un pecado y una abominación. La homosexualidad es una realidad oculta, que sólo encuentra un canal de expresión a través de Internet.

Y poco o nada ha cambiado a partir de lo que hado en llamarse la "Primavera Árabe", más bien todo lo contrario. Tras siglos de dominación colonial y décadas de dictaduras poscoloniales, la ola de levantamientos populares que se inició en la región en 2010 abrió una ventana de esperanza hacia la mejora de las condiciones de vida de sus habitantes y la apertura democrática. Sin embargo, a la luz de los acontecimientos, esa meta está lejos de concretarse. El futuro se presenta incierto y sombrío en casi todos estos países, aquejados de guerras civiles, inestabilidad política y colapso económico, lo que en términos generales ha redundado en una mayor coacción de las libertades individuales (y no sólo las sexuales).

La otra cara

En el citado informe de ILGA, se consigna que en 114 países del mundo los actos homosexuales son legales. Dentro de esta categoría, se encuentran la totalidad de los 50 Estados que integran el continente europeo. En algunos de ellos, como Francia, Bélgica y Luxemburgo, la despenalización data de fines del siglo XVIII, en las postrimerías de la Revolución Francesa. En el siguiente siglo, se sumaron Holanda e Italia. Pero el grueso de las naciones modificaron sus legislaciones a partir de la década del '60 del siglo XX, siendo la última en hacerlo Armenia (2003).

Mención aparte merece el caso de Chipre del Norte, considerado territorio ocupado por la comunidad internacional y al que sólo Turquía reconoce como república independiente. Hasta enero de 201, Chipre constituía el único área dentro de Europa que castigaba la homosexualidad. Hasta entonces, y como herencia de la antigua ocupación británica, sobrevivía una ley que castigaba con cinco años de prisión el sexo entre hombres, aunque no hacía referencia alguna a los intercambios íntimos femeninos. De hecho, el último arresto en virtud de esa norma ocurrió a principios de 2012.

Una situación particular es la de la Ciudad del Vaticano, un Estado que no es miembro de la Naciones Unidas pero que es reconocido internacionalmente como soberano.

Si bien la posición oficial de la Iglesia Católica es abiertamente contraria a la legalización de los actos homosexuales por considerarlos pecaminosos, la doctrina establece que quienes experimentan deseo o atracción hacia personas de su mismo sexo no son pecadores, sino que padecen "trastornos" que deben superar con el dominio de sí mismos y un llamado a la castidad. En consecuencia, se opone a toda forma de persecución o violencia contra ellos y, por lo tanto, la homosexualidad no está penalizada en el ámbito territorial de la Santa Sede.

No todo lo que brilla es oro

Desde ya, este panorama no debe llevarnos a confusión: si bien Europa es formalmente un continente *gay friendly* (o amigable con las personas LGBT), sigue sin ser el paraíso de la libertad y la tolerancia.

El hecho de en que numerosos países hayan cambiado su legislación histórica al compás de su deseo de integrarse a la Unión Europea, tal como ocurrió en la década de los '90, sugiere que ello fue más bien el resultado de una conveniencia política que de un proceso de maduración social.

Desde el momento que en su Carta de Derechos Fundamentales la Unión Europea incorporó principios sobre respeto y no discriminación basada en la orientación sexual

– vinculantes para sus estados miembros–, varios países se vieron obligados a adecuar sus legislaciones nacionales para poder ser admitidos.

La consecuencia de haber adoptado cambios impuestos desde afuera es que en muchas de estas sociedades subsiste un clima hostil hacia las minorías sexuales, que incluso a veces es fogoneado por las autoridades. Más aún, se siguen sucediendo las iniciativas parlamentarias que, a través de distintos artilugios, ponen en riesgo la efectiva vigencia de la libertad sexual.

Rusia

Durante casi toda la existencia de la Unión Soviética, la homosexualidad fue considerada oficialmente como "contrarrevolucionaria" y "una manifestación de la decadencia de la burguesía", por lo que fue perseguida y castigada con penas de prisión o confinamiento en los campos de trabajo forzoso (lo que equivalía a una muerte casi segura).

Tras el desmembramiento de la URSS, en 1993 y bajo los auspicios del entonces presidente de la Federación Rusa, Boris Yeltsin, se reformó el Código Penal, legalizando los actos sexuales entre adultos del mismo sexo, aunque por varios años más se mantuvo el texto que los consideraba como una "patología psiquiátrica" y una "forma pervertida de satisfacción de la pasión sexual".

No obstante, el clima social nunca ha sido favorable a la población LGBT y continúa siendo un tema tabú en la política. Los activistas por los derechos de la diversidad son frecuentemente hostigados por las autoridades civiles, policiales y eclesiásticas. Desde 2006, el ayuntamiento de Moscú ha prohibido sistemáticamente la realización de la marcha anual del Orgullo Gay.

El panorama es especialmente preocupante, a partir de la reciente sanción de leyes "Antipropaganda", tanto a nivel regional como federal. Entre 2006 y 2013, diez gobiernos autónomos –entre ellos, el de San Petersburgo, la segunda ciudad más poblada de Rusia– adoptaron normas contra la "propaganda de la sodomía, el lesbianismo, la bisexualidad, el transgenerismo y la pedofilia a menores". De esta forma, se castiga (con sanciones administrativas y multas) "la distribución centrada e incontrolada de información generalmente accesible, que puede dañar la salud, la moral y el desarrollo espiritual de los menores de edad".

El golpe de gracia llegó a mediados de 2013, cuando la Duma (parlamento federal) aprobó por unanimidad una ley del mismo tenor, y con alcance nacional a toda Rusia. En ella no se alude explícitamente a la homosexualidad, sino a las "relaciones sexuales no tradicionales", estableciendo sanciones para quien extienda entre menores de edad "la idea tergiversada de que las orientaciones sexuales tradicionales y las no tradicionales tienen igual valor social". Para quienes infrinjan la ley, prevé importantes multas, que aumentan considerablemente cuando se trata de funcionarios públicos (lo que incluye a los docentes), de organizaciones y empresas (que también pueden ser clausuradas por 90 días), o se utilice Internet u otros medios de comunicación masiva. Si se trata de infractores extranjeros, se contemplan el arresto y la deportación.

La laxitud con que se define qué constituye "propaganda", y cuales son los contenidos no permitidos, ha significado que prácticamente cualquier mención a la diversidad sexual sea vista como violatoria de la ley. O que dos personas del mismo sexo que van por la calle tomadas de la mano sean multadas. Una nueva era de "caza de brujas" se cierne sobre Rusia, y la violencia homófona va en aumento.

El efecto contagio no se hizo esperar y casi simultáneamente Moldavia –otra exrepública soviética– sancionó una ley idéntica a la rusa. Pero un par de meses más tarde el Parlamento resolvió derogarla, ya que atentaba contra su pretensión de incorporarse a la Unión Europea.

Intentos de promulgar una legislación similar han tenido lugar también en Ucrania, donde se ha debatido un proyecto para prohibir cualquier representación que dé "una imagen positiva" de los homosexuales, sea en un editorial de un diario, en un discurso público o en un desfile. De prosperar, no podrían ser exhibidos en los cines filmes como *Brokeback Mountain* (Secreto en la montaña), que narra la historia de amor entre dos vaqueros. O no podría emitirse la serie de dibujos animados Bob Esponja, objeto de permanente queja por parte de grupos conservadores que afirman que atenta contra la moralidad pública.

Hungría

En los últimos años, Hungría parece estar desandando el camino de respeto a la diversidad sexual que la había llevado a ser uno de los países más avanzados de Europa del Este en materia de reconocimiento de los derechos del colectivo LGBT.

Con los actos homosexuales legalizados desde 1962, tras el fin de la era comunista, Budapest fue la primera ciudad de los países del antiguo bloque soviético que celebró el Orgullo Gay, en 1993. Tres años más tarde, el Parlamento sancionó la ley de uniones de hecho, que se aplica a parejas con vínculos afectivos y económicos, independientemente del sexo de sus componentes. Poco después aprobó una ley antidiscriminatoria, que condena la discriminación basada en la orientación sexual y la identidad de género en los ámbitos de empleo, educación, vivienda, salud, y acceso a bienes y servicios.

Pero la nueva Constitución, propiciada por el actual gobierno del partido Fidesz, de ideología conservadora, y que entró en vigencia a principios de 2013, ha despertado la alarma internacional. No sólo de las instituciones de la Unión Europea, de la que Hungría es miembro, sino también de organizaciones de derechos humanos. Además de contener disposiciones que vulneran principios básicos del estado de derecho (en lo que respecta a la independencia de poderes y la libertad de expresión), restringe garantías de derechos consagrados décadas atrás.

Ya en su preámbulo, encomienda el destino de la nación "a Dios, a la Corona de San Esteban, al orgullo patrio, a la cristiandad y a la familia tradicional", lo que, entre otras cosas, contraría el espíritu laico que domina el dogma europeísta.

El nuevo marco jurídico no contempla a lesbianas, gays, bisexuales y personas transgénero, al excluirlas del concepto de "familia", que se erige en garantía de la supervivencia de la nación y es la que está constituida por la unión en matrimonio entre un hombre y una mujer.

Turquía

A pesar de que hace más de un siglo que en Turquía se abolieron las leyes contra la homosexualidad, en la última década se ha experimentado un claro retroceso bajo el gobierno del Partido de la Justicia y el Desarrollo (AKP). Su líder y actual presidente de la República, Recep Tayyip Erdogan, ha considerado en público la homosexualidad como una "preferencia contraria al islam". Por su parte, en 2010 la entonces ministra de Estado para asuntos de Familia y Mujer, Selma Aliye Kavaf, la definió como un "desorden biológico, una enfermedad". Asimismo, en el marco del denominado Paquete de Medidas Democratizadoras, lanzado a fines de 2013, se incluyeron varias disposiciones que tienden a marginalizar a los homosexuales. Se aprobó una modificación en la tipificación de los llamados "delitos de odio", que de hecho deja desamparadas a las víctimas de los homicidios cometidos por motivos de orientación sexual.

Por otra parte, el servicio militar es obligatorio para los varones, pero los homosexuales quedan exentos si un médico certifica su condición. En la práctica, ello supone polémicos chequeos físicos, que han sido calificados de humillantes por quienes los han padecido, así como también entrevistas en las que deben "demostrar" que son gays. En estos denigrantes interrogatorios, se los obliga a relatar sus prácticas sexuales y hasta mostrar fotografías suyas explícitas, amén de responder a absurdas preguntas, como si les gusta el fútbol o el perfume femenino.

En muchos rincones del país, donde predomina una mentalidad tradicionalista y conservadora, siguen teniendo lugar los "crímenes de honor", que se cobran muchas vidas entre los homosexuales. Son asesinatos perpetrados por familiares de la víctima o miembros de su propia comunidad, que buscan con ello "limpiar" su buen nombre, supuestamente manchado por la conducta de la víctima.

Otras dimensiones

Sin duda, el estatus de legalidad/ilegalidad de las relaciones homosexuales consentidas entre adultos es uno de los ejes fundamentales que conforman el universo de derechos LGBT admitidos por las sociedades. No obstante, hay otros aspectos jurídicos de relevancia que indican el grado de reconocimiento y aceptación de la diversidad.

Uno de ellos es la edad de consentimiento sexual, que determina la edad por debajo de la cual no resulta válido, a efectos legales, el consentimiento prestado para tener actividad sexual, y por lo tanto se presume violencia o abuso por parte del que fuere mayor de edad (la haya habido o no). Ello implica que el adulto involucrado en tales circunstancias puede ser acusado de violación o estupro.

En la mayoría de los países donde los actos entre personas del mismo sexo están permitidas, la edad de consentimiento (que mayormente se establece entre los 15 y 16 años) es la misma para relaciones hetero u homosexuales. Pero en 15 Estados se fija un criterio diferencial, es decir un límite de edad superior para los actos homosexuales, haciéndolo coincidir en muchos casos con la mayoría de edad (18 o 21 años), cuando el individuo se considera con plena capacidad legal de obrar. Entre otros, se encuentran en esta situación Grecia, Indonesia, Canadá y, dentro de Latinoamérica, Bahamas. En el caso de Estados Unidos, donde cada estado tiene potestad para determinar la edad de consentimiento, Virginia y Nebraska han fijado límites desiguales para actos heterosexuales y homosexuales.

Otros parámetros se vinculan a la legislación antidiscriminación. En el mundo hay 59 países que cuentan con leyes que prohíben la discriminación basada en la orientación sexual. En siete de ellos, además, estas disposiciones tienen rango constitucional: Sudáfrica, Kosovo, Portugal, Suecia, Suiza, Bolivia y Ecuador.

En materia penal, existe un indicador que se vincula a los denominados delitos de odio. En rigor, la existencia de este tipo de delitos es tan antigua como la humanidad, pero el reconocimiento en el orden jurídico del "odio" como una causa singular que motiva un delito es un fenómeno que comenzó hace pocas décadas.

Se originan en la intolerancia hacia el diferente, es decir en prejuicios o animadversión que niegan dignidad y derechos a personas y colectivos que se estiman diferentes (y se les atribuye peligrosidad o se los visualiza como una amenaza al bienestar de la ciudadanía). Las víctimas son intencionalmente seleccionadas a causa de una característica específica, que puede ser, entre otras, la condición social, la nacionalidad, la pertenencia a un determinado grupo étnico o racial, la religión, el género, la edad, la discapacidad mental o física, la orientación sexual. Los crímenes de odio dirigidos contra grupos particulares no sólo hieren a las víctimas individuales, también envían a todos los miembros de ese grupo un potente mensaje de intimidación.

Actualmente existen 26 países donde los crímenes de odio basados en la orientación sexual son considerados como una circunstancia agravante, lo que implica que aumenta la responsabilidad penal del acusado y, en consecuencia, la condena que puede recibir. En América Latina han adoptado previsiones en este sentido Bolivia, Chile, Colombia, Ecuador, Honduras, Nicaragua, Uruguay y algunas partes de México (Coahila y el Distrito Federal).

Por último, existen otros elementos que de alguna manera "miden" los avances en materia de respeto de la diversidad sexual en las distintas sociedades: los derechos de matrimonio y asociación para las parejas del mismo sexo; la adopción de niños por parte de personas LGBT, y el reconocimiento de la identidad de género, temas que serán abordados en capítulos posteriores.

Capítulo 4
TRANSICIONES

"A partir de un cierto punto ya no hay regreso
posible. Éste es el punto a alcanzar".
Franz Kafka (1883-1924), escritor checo

Los seres humanos no experimentan y perciben sus identidades con arreglo a un único patrón. La identidad de género, en su sentido más estricto, es la vivencia que experimenta cada uno de sentirse hombre o mujer, lo que puede coincidir o no con su sexo genital. Cuando la autopercepción es concordante con el sexo biológico, se trata de una persona cisgénero; cuando no es concordante, se alude a una persona transgénero.

Sin lugar a dudas, actualmente vivimos un momento decisivo respecto de la aceptación de lo trans en la sociedad, por lo menos en lo que convencionalmente denominamos Occidente. Una suerte de revolución que trae consigo un cambio de paradigma, desde un modelo de la transexualidad como patología, hacia uno basado en la identidad trans como una dimensión más del devenir humano.

Esta evolución siguió un recorrido análogo al de la homosexualidad, en el sentido de que una nueva mirada desde el punto de vista médico-académico fue abriendo paso a una serie de cambios legales y en la percepción social. Todo ello ocurrió en forma concurrente con el surgimiento de movimientos reivindicativos y con un desarrollo inaudito de la cirugía plástica y reconstructiva, y otras técnicas de tratamientos corporales.

No hay que perder de vista que, durante siglos, quienes se sentían identificados con el género opuesto al de su nacimiento sólo tenían la opción de "vestirse" diferente (de allí el origen del término "travestido"), es decir lograr la apariencia deseada a través de las ropas, maquillajes y postizos. A comienzos del siglo XX, el avance en los conocimientos de endocrinología inauguró la posibilidad de suministrar terapias hormonales; décadas más tarde surgieron un conjunto de alternativas quirúrgicas y estéticas que permiten a las personas transgénero ir más allá del mero aspecto cosmético: ahora es posible modificar los cuerpos hasta extremos nunca antes soñados.

Durante muchos años, la Asociación Norteamericana de Psiquiatría –que, como ha sido dicho, marca el rumbo a nivel mundial– incluyó en su manual de enfermedades mentales la transexualidad, fundándose en el "malestar subjetivo y deterioro en el funcionamiento social" de quienes la padecían. En 1994 la expresión "transexual" fue sustituida por "trastorno de la identidad sexual", sin que ello implique un cambio en la conceptualización. En la actual edición de dicho manual (que data de 2013), se lo designa como "disforia de género". Por su parte, la Organización Mundial de la Salud aún conserva la denominación de transexualidad, dentro del capítulo de trastornos de la personalidad y el comportamiento.

En este punto hay que destacar que, mientras que la homosexualidad ha sido desclasificada internacionalmente como desorden mental, el transgenerismo continúa siendo considerado una patología.

Si bien hay muchos especialistas que realizan una interpretación más laxa (en el sentido de que la disforia de género sólo constituye un trastorno cuando la persona siente rechazo por sus genitales), lo cierto es que esta visión de "enfermedad psiquiátrica" es la que guía a la mayoría de los profesionales de todo el mundo a la hora de establecer sus diagnósticos.

En síntesis, en la actualidad la despatologización es el principal eje reivindicativo por parte del colectivo trans, junto con el derecho a modificar el sexo legal (aquel que figura en los documentos oficiales de identidad). Esto significa considerar el transgenerismo como un problema físico (y no mental) que requiere una asistencia sanitaria integral y específica, que comprende acompañamiento terapéutico voluntario, seguimiento ginecológico/urológico, tratamientos hormonales y cirugías.

Un mundo de posibilidades

Algunas personas transgénero se identifican como totalmente mujeres u hombres; otras perciben su identidad de género como un continuo entre ambas opciones. Y también hay quienes no se hallan cómodos en ningún punto del espectro y se sitúan a sí mismas en un "tercer género". Incluso un mismo individuo puede cambiar su autopercepción con el paso del tiempo.

De igual modo, algunas personas están dispuestas a someterse a todos los tratamientos médicos disponibles para modificar sus cuerpos, otras prefieren someterse sólo a algunos, y hay quienes no buscan ningún tratamiento.

La consecuencia de todo ello es una amplia variedad de géneros resultantes y una multiplicidad de cuerpos posibles. Tal vez hagan falta nuevos términos para nombrar estas nuevas realidades. Porque es importante derribar el mito de que todas las personas transgénero quieren ser completamente hombres o completamente mujeres. La mayoría de las veces desean ser algo que está en el medio: mujeres con senos y pene; hombres con barba, pecho liso y vagina. O simplemente, sólo aspiran a vestirse y comportarse como alguien del género opuesto, sin modificar nada de sus anatomías. Y se sienten a gusto en ese preciso lugar, se hallan cómodos con sus cuerpos no "estándar", o sus modos afeminados o masculinizados.

Sin dudas, esta perspectiva pone en tela de juicio cierto criterio de "normalización" imperante, o sea, la pretensión de ajustar los cuerpos de las personas validando y reproduciendo el binomio de hombre y mujer, que presupone la existencia única de dos cuerpos (hombre o mujer) y asocia un comportamiento específico a cada uno de ellos (masculino o femenino). Todo aquello que no se condice, se reprime y se estigmatiza en nombre de lo "natural". En un cierto sentido, parecería que socialmente es más aceptable un transexual (una persona transgénero que se opera los genitales para completar el cambio de sexo), que alguien que elige la ambigüedad, lo incierto e indefinido.

En definitiva, lo que reclama el tiempo que nos toca vivir es una mirada distinta, más abierta y menos prejuiciosa. Frente a una ideología que se afirma en el dogma de la validez de sólo dos formas de ser y sentir, de sólo dos maneras de vivir y habitar el mundo, la realidad —y creciente visibilidad— de las personas transgénero estalla en nuestras narices para decirnos que la diversidad ha llegado para quedarse.

La clasificación estática y dicotómica hombre/mujer está resultando demasiado restrictiva para explicar un conjunto de fenómenos que existen más allá de nuestra opinión o punto de vista. Incluso es posible que, a causa de ese reduccionismo, haya quienes se sientan obligados a identificarse con uno u otro género, cuando en su fuero íntimo no hay una preferencia excluyente. Por ejemplo, si una persona con genitales masculinos no se siente hombre, sólo le queda la opción de sentirse mujer y rechazar su cuerpo hasta el punto de someterse a intervenciones que tal vez no desea profundamente, pero que percibe como necesarias para poder "encajar" en la sociedad.

Esta cuestión es particularmente crucial cuando se trata de criaturas. Constreñir su natural pulsión y expresividad, imponer modelos de conducta y roles estereotipados, muy probablemente conduzca a niños problemáticos, adolescentes traumatizados y adultos infelices. Negar e invisibilizar sus sentimientos seguramente mitiga la angustia de sus padres, pero lejos está de resolver el asunto.

Las historias de vida real, en la voz de sus protagonistas, demuestran que de algún modo la propia energía psíquica se impone, lo que está allí no se puede torcer. Y, en la mayoría de los casos, las manifestaciones de una identidad discordante con el sexo biológico tienen lugar en la infancia o a lo sumo en la pubertad. En casi todos los testimonios de las personas trans, hay referencias a sentimientos y vivencias desde temprana edad, resumibles en frases como "siempre supe que era diferente", "desde chiquito sentía que no encajaba", "no me gustaban la ropa y las actividades que correspondían a mi sexo", etcétera.

Este hecho, en sí mismo, no constituye una novedad: siempre ha habido niños y niñas con comportamientos y actitudes que no se ajustan a los patrones de su género de nacimiento; pero eran más reprimidos y "corregidos" por sus entornos básicos de socialización (familia y escuela principalmente). El gran cambio al que estamos asistiendo como sociedad radica −ni más ni menos− en que estamos cambiando la mirada.

Y, de a poco, se van desmontando una a una algunas creencias muy difundidas, pero equivocadas: que el transgenerismo obedece a traumas y carencias en los primeros años de vida; que es la consecuencia de una educación permisiva o de la ausencia de una figura paterna (o materna, según el caso); que se origina en una crianza en hogares disfuncionales; que si un niño no tiene comportamientos acordes con su sexo biológico se trata de "una fase que ya se le va a pasar".

En este sentido, es oportuno señalar que hay muchas teorías sobre las causas de la transexualidad, que apuntan a la influencia hormonal en el desarrollo embrionario, a la herencia genética, a la influencia del entorno social, a trastornos mentales de los padres. Pero, hasta el momento, ninguna de ellas ofrece una explicación concluyente.

El desafío de ser

Desde el punto de vista del proceso individual, el descubrimiento de una orientación sexual y/o identidad de género diferente de la heteronormativa constituye un trayecto con dos momentos bien diferenciados: el del propio reconocimiento y aceptación, y el de asumirlo públicamente.

Hay personas que nunca terminan de reconocerse a sí mismas y permanecen toda su vida en conflicto con su sexualidad, intentando reprimir sus impulsos o viviéndolos con culpa. Hay otras que se aceptan tal como son, pero no son capaces de comunicárselo al mundo; o sólo pueden compartirlo con sus parejas y un pequeño círculo íntimo de afectos. Y por lo tanto se ven forzadas a construir una doble vida y navegar en las sinuosas aguas del desdoblamiento. Finalmente hay quienes con plena autoafirmación ejercen libremente su sexualidad y no tienen problema en gritar a los cuatro vientos su condición.

Y para nadie es fácil ir "en contra" de los estándares socialmente establecidos y construir la propia subjetividad transgrediendo las convenciones: se paga con un altísimo precio en términos emocionales. Para todas las personas sexualmente diversas, la confusión y la contrariedad son un elemento constitutivo de un importante período de sus existencias. Sea en la infancia, en la adolescencia o en la edad adulta, la afirmación del yo viene acompañada de sentimientos de vergüenza y baja autoestima. El proceso de autoconciencia del propio ser supone superar la homofobia/transfobia internalizada, es decir, sobreponerse a las nociones de "enfermedad", "perversión", "vicio", "comportamiento desviado" con que hemos sido criados, para poder percibirse como una persona sana y normal, con inclinaciones o preferencias diferentes de las estadísticamente mayoritarias. Incluso, en ocasiones, puede acarrear conflictos con las creencias religiosas.

La decisión de salir del clóset, si bien tiene un efecto liberador y de reencuentro consigo mismo, abre nuevos frentes de conflicto, nuevas angustias. La posibilidad de rechazo de la propia familia, amigos y seres queridos, y el consecuente desmoronamiento del mundo afectivo. El temor a perder el trabajo o ver truncadas las oportunidades laborales a futuro. La discriminación, la burla, la estigmatización y hasta la persecución como horizonte probable, que en el caso de los transgénero se potencia, por el elemental hecho de que su aspecto exterior los delata. A simple vista, en la calle, en un bus o en un bar, pueden ser identificados, y ello los vuelve blanco de miradas maliciosas, comentarios hostiles, cuando no maltrato liso y llano.

Y, cuando hablamos de persecución, no es con ánimo de dar un tinte dramático al tema, sino de reflejar una cruda realidad. Aun en las sociedades donde hay mayor aceptación y sensibilización, la población trans es víctima de acoso y abuso policial, violencia callejera y violaciones. Por supuesto, en aquellos países donde el transgenerismo es criminalizado (es considerado un delito), el panorama es mucho peor. Al menú de agresiones físicas y verbales, se suman todo tipo de medidas de discriminación institucional (falta de reconocimiento legal, restricciones al acceso a la educación, el empleo y la atención sanitaria). Uno de los ejemplos más comentados − por lo ridículo− es una ley aprobada en Rusia a principios de 2015, que prohíbe otorgar licencias de conducir a individuos que tengan desórdenes mentales o de conducta, categoría en la que se incluye a los trastornos de identidad de género. Literalmente, una persona trans no está habilitada para conducir vehículos en todo el territorio ruso. Y, en todas partes del planeta, la tasa de homicidios de transgénero es más alta que la media de la población en general, lo que habla a las claras de que constituyen un grupo particularmente vulnerable a los crímenes de odio.

Emprender una transición de género implica exponerse públicamente e involucra cambios mucho más profundos que sólo la apariencia física. La construcción de un nuevo rol de género y sus correspondientes expresiones (vestimenta, gestos, cambio de nombre, modo de referirse a sí mismo en femenino/masculino según corresponda), y eventualmente, decidir iniciar tratamientos médicos para modificar aspectos orgánicos, es una empresa que lleva largo tiempo y conlleva grandes zozobras y una alta vulnerabilidad.

Objeto de deseo

Como ya ha sido aclarado en capítulos precedentes, la identidad de género y la orientación sexual son dos dimensiones distintas de la sexualidad humana. Por lo tanto, las personas transgénero (al igual que las que no lo son) pueden sentir deseo por personas de su mismo género, del género contrario, o ambos. Dicho de otro modo, una mujer trans puede ser heterosexual, lesbiana o bisexual; un hombre trans puede ser heterosexual, gay o bisexual; y, a su vez, estas preferencias pueden tener como objeto personas trans o cisgénero.

Esta afirmación, que puede sonar como un galimatías, no hace más que poner de manifiesto que la experiencia humana es tan vasta y compleja que supera los determinantes biológicos y los condicionamientos sociales. Al fin de cuentas, de lo que estamos hablando es de personas que se enamoran y se sienten atraídas por personas, más allá de etiquetas y encasillamientos.

Pero el aspecto a destacar aquí es la aparición de nuevas orientaciones sexuales —a las que aún no le hemos puesto nombre—: es un hecho incontrastable que muchas personas cisgénero (hombres o mujeres que no tienen disforia de género) se sienten atraídas afectiva y sexualmente por transgéneros. Es decir, hombres que les gustan las trans mujeres con genitales masculinos, o que lo que los seduce es la feminidad trans más que la de la mujer biológica (que es otra feminidad diferente), o mujeres que les gustan los hombres con genitales femeninos. La mayoría de ellos se considera heterosexual y vive su deseo con culpa y en la clandestinidad. A algunos sólo les interesa en términos de sexo ocasional, pero otros se enamoran, traban relaciones estables e incluso se casan.

Una de las caras de esta realidad es el florecimiento de la prostitución de mujeres trans (a los que en gran parte de América Latina se denomina "travestis"), con sus "zonas rojas" propias y una clientela en constante crecimiento.

Este fenómeno indudablemente tiene estrecha vinculación con las condiciones de existencia de las personas trans en nuestras sociedades, marcadas por la exclusión del sistema educativo formal y del mercado de trabajo. En este escenario, la prostitución se convierte en la única fuente de ingresos factible, en la estrategia de supervivencia más extendida, que se asume como una suerte de "destino trágico" ineludible, fundando un círculo de marginación difícil de romper.

Pero también nos remite a una verdad de Perogrullo: si hay oferta, es porque hay demanda. Seguramente hay hombres (que se consideran a sí mismos completamente heterosexuales) que buscan tener relaciones con prostitutas trans por mera curiosidad o en el marco de una salida con amigos a una aventura exótica. Pero lo evidente es que durante estos encuentros experimentan placer (incluso más que con sus legítimas esposas y novias), sólo que pocos se animan a admitirlo.

El camino de la transición

El tránsito hacia el género deseado suele comenzar con el tratamiento hormonal, que no sólo contribuye a modificar determinados aspectos físicos, sino que además tiene un importante impacto psicológico y emocional. Sus efectos máximos suelen apreciarse al cabo de un año o dos, y debe administrarse de por vida. Por otra parte, la hormonación constituye un requisito necesario para aquellas personas que desean someterse a una cirugía de reasignación genital (lo que se denomina coloquialmente como "cambio de sexo"), y debe mantenerse tras la intervención (aunque generalmente en dosis menores).

Asimismo, los avances en la técnica médica y estética ponen a disposición de las personas transgénero una gran variedad de recursos para modificar sus cuerpos y su apariencia.

En todo este proceso, el acompañamiento psicológico es indispensable, tanto antes de iniciar cualquier terapéutica (para diagnosticar un caso real de transexualidad y descartar trastornos parciales o transitorios de identidad), como durante las distintas fases de transición. En este sentido, hay que destacar que muchos de los procedimientos son de carácter irreversible y, por lo tanto, es fundamental que el paciente tenga plena convicción acerca de las intervenciones a las que se quiere someter.

Además es conveniente que un profesional de la salud mental conduzca la etapa de aceptación del rol (también conocida como test de la vida real), un período en el que el interesado debe vivir, de modo permanente, como una persona del género al que desea pertenecer. Esto implica comportarse como tal en todas las situaciones de la vida cotidiana, tanto en su ámbito laboral como familiar y de amistades. Ello involucra la manera de presentarse (adoptando un nuevo nombre) y de referirse a sí mismo (en femenino o masculino, según corresponda), así como también la forma de vestirse y de comportarse. Los especialistas en la materia recomiendan que esta experiencia de vida "a tiempo completo" se lleve a cabo como mínimo durante un año antes de tomar cualquier decisión de realizarse una cirugía o incluso de iniciar un tratamiento hormonal.

No es la intención abundar aquí en detalles técnicos –y por momentos escabrosos– de los procedimientos médicos actualmente disponibles. Pero resulta oportuno enumerarlos y describirlos brevemente, entre otras razones porque buena parte de los preconceptos y las fantasías respecto de las personas trans nacen de la falta de información o de la propagación de ideas erróneas.

Y porque hacer este sucinto repaso ayuda a comprender la complejidad del proceso de transición. Complejidad que no sólo tiene que ver con las técnicas quirúrgicas y estéticas, ya que, como es sabido, no existen las soluciones mágicas ni los resultados garantizados; ninguna cirugía está exenta de riesgos ni posibles complicaciones. Mutar de género implica asumir una nueva personalidad, replantear el "yo" y, en consecuencia, el vínculo con los demás; moldear las propias expectativas, literalmente construirse un futuro distinto. Se trata, en definitiva, de un cambio existencial radical y profundo, que exige "poner" el cuerpo y el alma, adquirir la templanza para sobrellevar múltiples intervenciones, consultas médicas permanentes, prolongadas convalecencias y largas esperas entre un procedimiento y otro.

Transición de hombre a mujer (transexual femenino)

1. Hormonación: la terapia puede ser de estrógenos, progesterona o agentes bloqueantes de la testosterona. Los principales cambios que el paciente experimenta son: crecimiento de las mamas; piel más suave; disminución del vello corporal; redistribución de la grasa corporal (semejante al cuerpo femenino); retardo o interrupción de caída del cabello; menor fuerza de la parte superior del cuerpo; reducción de la fertilidad; disminución del tamaño de los testículos; erecciones menos firmes y frecuentes.

2. Cirugías de feminización corporal:
a. Aumento de mamas (mamoplastia de aumento o implante mamario): colocación de prótesis que incrementan el tamaño y/o modifican la forma del busto.
b. Lipoescultura: es una técnica que permite moldear el cuerpo con el fin de darle formas y curvas similares a las de una mujer biológica. Es un procedimiento que se realiza en quirófano y consiste en eliminar (o redistribuir) depósitos de grasa localizados en zonas específicas del cuerpo: barbilla, papada, mejillas, brazos, contornos del pecho, abdomen, nalgas, caderas, muslos, pantorrillas y tobillos. En estos casos, una de las más solicitadas es la intervención de cintura.

c. Cirugía de abdomen (abdominoplastia): más allá de los resultados que puedan obtenerse con una lipoescultura, existe un procedimiento específico para corregir la distensión de los músculos abdominales y eliminar el exceso de piel, y con ello revertir el aspecto de vientre caído.

d. Aumento de glúteos: colocación de implantes con el objeto de lograr un mayor volumen y remodelar el contorno de la zona.

e. *Lifting* de muslos: es una técnica quirúrgica destinada a eliminar el exceso de piel y las arrugas situadas en la parte superior e interna de ambos muslos.

f. Feminización de la voz: con el fin de lograr una voz menos grave (y cuando no se han conseguido resultados satisfactorios mediante foniatría), se estrechan las cuerdas vocales por acortamiento de los cartílagos de la faringe.

3. Cirugías de feminización facial:

a. Cirugía de nariz (rinoplastia): es una intervención que permite aumentar o reducir el tamaño de la nariz, y/o cambiar la configuración (forma del puente o de la punta; tamaño de los orificios nasales o el ángulo comprendido entre la nariz y el labio superior).

b. Cirugía de mentón (mentoplastia): es una técnica que se utiliza para aumentar el tamaño del mentón (ya sea mediante un implante o por adelantamiento de un fragmento de hueso) o para disminuirlo (reducción del hueso).

c. Reducción de la nuez –o manzana– de Adán (tiroplastia): consiste básicamente en reducir y contornear el cartílago tiroides, eliminando la prominencia característica que adquiere en los hombres biológicos.

d. Cirugía de párpados (blefaroplastia): es una técnica destinada a eliminar el exceso de grasa, piel y músculo que se forma por encima y por debajo de los ojos. Se utiliza para corregir las "bolsas" de los ojos, las ojeras y los párpados caídos.

e. Aumento de pómulos: consiste en la colocación de implantes destinados a elevar los pómulos y dotar al rostro de una apariencia más femenina.

f. *Lifting* facial (ritidectomía): es un procedimiento utilizado para tensar la piel del rostro y el cuello, a fin de minimizar arrugas y pliegues, y modelar las facciones.

g. Supresión de arcos supraciliares: el engrosamiento de los huesos que se encuentran sobre las cejas es un rasgo característico de los hombres biológicos. Esta intervención consiste en el limado del seno frontal. En la misma intervención también se puede hacer descender la línea del cabello.

4. Tratamientos de feminización (no quirúrgicos):

a. Depilación láser: si bien las terapias hormonales reducen en forma considerable el vello corporal y lo vuelven más fino, no siempre lo eliminan totalmente en zonas como pecho, espalda o abdomen. Un problema aparte es el rostro, ya que la densidad de la barba está determinada genéticamente, y su crecimiento no se ve afectado significativamente por el uso de hormonas femeninas. La depilación con luz pulsada intensa ofrece una solución definitiva, ya que destruye los folículos pilosos.

b. Rejuvenecimiento facial: comprende una serie de tratamientos estéticos, tales como las microinyecciones de bótox o ácido hialurónico, la aplicación de láser o radiofrecuencia, destinados a atenuar arrugas, manchas, cicatrices de acné y marcas de expresión.

c. Aumento de labios: mediante injertos de grasa, implantes de colágeno o la aplicación de un compuesto de ácido hialurónico, se obtienen un mayor volumen y un contorno más pronunciado.

d. *Peeling* facial: con el fin de suavizar la piel del rostro, es posible tratarla con diversas sustancias cáusticas (ácido salicílico, ácido lácteo, ácido glicólico) que reducen la rugosidad y la porosidad características del cutis masculino.

5. Cirugía de reasignación genital:
La vaginoplastia es un procedimiento quirúrgico destinado a la construcción de lo que se denomina una "neovagina", que tanto desde el punto de vista anatómico como estético y funcional se asemeja a los genitales de una mujer biológica. Puede realizarse a través de dos técnicas: la inversión peniana (se utiliza la piel invertida del pene y del escroto) o el transplante rectosigmoidal pediculado (se utiliza una sección del intestino grueso terminal). En algunas ocasiones, el cirujano puede decidir realizar la fase de estética vaginal (construcción de los labios mayores y menores y del clítoris, a partir de la piel del escroto y del glande) en una segunda operación, habitualmente unos tres meses después de la vaginoplastia propiamente dicha. Se trata de intervenciones de alta complejidad, con períodos de recuperación postoperatoria relativamente largos, y en todos los casos los testículos son extirpados. Asimismo, para evitar que la neovagina se estreche y se acorte de forma irreversible (incluso hasta el punto de cerrarse), deben hacerse ejercicios de dilatación de por vida. Para ello se utilizan dilatadores (cilindros de plástico o silicona), y la rutina debe seguirse en forma diaria durante el primer año después de la cirugía, para luego ir disminuyendo la frecuencia gradualmente hasta llegar a dos veces por mes al cabo de varios años (dependiendo de las particularidades de cada caso y de la actividad sexual).

Transición de mujer a hombre (transexual masculino)

1. Hormonación: consiste en la administración de testosterona, que produce las siguientes modificaciones en el organismo: cambio en el tono de voz (se vuelve más grave), mayor fuerza en la parte superior del cuerpo, aumento de peso, disminución de la grasa acumulada en las caderas; aumento del vello facial y corporal, caída o pérdida del cabello similar a la masculina, atrofia mamaria leve, agrandamiento permanente del clítoris, mayor interés sexual y capacidad de excitación.

2. Cirugías de masculinización corporal:

a. Extirpación de mamas (mastectomía bilateral subcutánea): es un procedimiento mediante el cual se extirpa el tejido glandular mamario, conservando las areolas y los pezones (cuyo tamaño se reduce para que se asemeje a un pecho masculino).

b. Extirpación de útero y ovarios (histerectomía y anexectomía): por vía abdominal, vaginal o laparoscópica, se procede a extirpar la matriz, las trompas de Falopio y los ovarios. Esta intervención tiene como objetivo evitar el efecto de las hormonas femeninas producidas por los ovarios, así como las enfermedades características de los genitales internos femeninos, que pueden potenciarse con el consumo de hormonas masculinas. Además, constituye un paso necesario para una posterior cirugía de reasignación genital.

c. Aumento de pectoral: es una técnica que se utiliza en pacientes que se han realizado una mastectomía y consiste en la colocación de implantes cuadrangulares de gel de silicona por debajo del músculo pectoral. Ello redunda en un pecho de aspecto más definido y musculoso, estéticamente similar al de un hombre biológico.

d. Aumento de gemelos: con el fin de dotar de mayor volumen y contorno a la zona de las pantorrillas, se inserta un implante blando de gel de silicona entre el músculo y la piel.

e. Lipoescultura: se utiliza esta técnica para eliminar depósitos de grasa acumulados en áreas específicas, como barbilla, cuello, mejillas, brazos, contornos del pecho, abdomen, glúteos, caderas, muslos, pantorrillas y tobillos, para otorgar al contorno corporal un aspecto más masculino.

3. Cirugías de masculinización facial:
Al igual que en el caso del transexual femenino, se puede recurrir a las cirugías de nariz, mentón y parpados, con el objetivo de delinear los rasgos del rostro.

4. Cirugía de reasignación genital:
Existen dos técnicas para la creación de un órgano masculino (denominado "neopene"); en ambas se realiza además la reconstrucción de un escroto (creación de una bolsa escrotal a partir de los labios mayores de la vagina, en cuyo interior se colocan unos implantes de silicona):
a. Metaidoioplastia: se utilizan los tejidos de la mucosa anterior de la vagina, la piel de los labios mayores y menores, y el clítoris (que se encuentra hipertrofiado como consecuencia del tratamiento hormonal previo). Con este procedimiento se logra un microfalo de aproximadamente 3 a 6 centímetros de longitud por 1,5 a 2 centímetros de diámetro, con una función urinaria normal (micción en posición vertical) y una estimulación erógena satisfactoria (capacidad para generar orgasmos), pero no permite la penetración sexual.
b. Faloplastia: consiste en la creación de un neopene con tejidos provenientes de otras partes del cuerpo. Lo que más comúnmente se utiliza –y con lo que mejores resultados se obtienen– es la piel del antebrazo, aunque también se puede recurrir a tejido del muslo o del abdomen. Con esta técnica se obtiene un órgano de aspecto y dimensiones anatómicas similares al de un hombre biológico, con sensibilidad táctil y erógena (ya que el clítoris se conserva en la base del neopene) y funcionalmente normal (permite orinar de pie), pero es fláccido y por lo tanto sin capacidad de penetración.

Para lograr la rigidez necesaria, es posible insertar implantes óseos (segmentos del peroné o del radio del propio paciente), aunque esta técnica ofrece pobres resultados funcionales y presenta riesgo de reabsorción del hueso. Por ello actualmente el recurso preferido es la inserción de prótesis. Estas pueden ser de dos tipos: las maleables (de goma y teflón), que son de más fácil colocación y menor costo pero otorgan una rigidez permanente; y las inflables o hidráulicas, que contienen una bomba que permite la erección y la relajación. Si bien la colocación de prótesis puede llevarse a cabo conjuntamente con la faloplastia, la mayoría de los cirujanos prefiere realizarla en una segunda intervención, con una espera de seis meses como mínimo.

Algunas consideraciones

Desde el punto de vista médico, el cambio de sexo es un camino arduo, invasivo, plagado de riesgos y con resultados a veces inciertos. Más allá de los asombrosos avances en las técnicas quirúrgicas, que no sólo amplían constantemente la oferta de tratamientos posibles, sino que también minimizan las complicaciones, lo cierto es que una persona transgénero que ha emprendido la transición debe seguir cuidados estrictos durante el resto de su vida.

Por añadidura, existe una probabilidad cierta de secuelas. Las más frecuentes son las disfunciones en el tracto urinario, ya que éste también es modificado para adecuarlo a los nuevos genitales (principalmente acortamiento o alargamiento de la uretra, según el caso). La aparición de fístulas, necrosis de tejidos mal irrigados y problemas de cicatrización puede suceder tanto en la zona genital como en otras áreas del organismo involucradas (cavidad abdominal, sistema excretor, zonas donantes de piel).

Por otra parte, las terapias hormonales prolongadas no son inocuas. En el caso de los transexuales masculinos, la acción de la testosterona afecta la función hepática, eleva los niveles de colesterol y triglicéridos, y puede causar hipertensión arterial, acné y enfermedades cardiovasculares. En las transexuales femeninas, dependiendo del cóctel de hormonas que se administren, los efectos secundarios más comunes son hipotiroidismo, formación de coágulos e inflamación de las venas, y osteoporosis.

Esta perspectiva, a su vez, pone de relieve la problemática acerca del acceso a estas terapéuticas y la importancia de su inclusión en los programas públicos de salud. Como se ha visto, la transición supone un conjunto de procedimientos y tratamientos complejos, que han de realizarse a lo largo de varios años, que exigen controles de por vida, que implican la intervención de equipos interdisciplinarios y que en su mayoría son muy costosos. Dejar librada la atención de este tipo de pacientes al sistema privado −y por ende a personas adineradas− implica restringir el acceso a una pequeña porción del universo de interesados. Y aun quienes, luego de años de esfuerzo, logran ahorrar el dinero para realizarse una intervención, luego no pueden hacer frente a los gastos que demandan los tratamientos asociados, los chequeos o la atención de posibles complicaciones y secuelas.

Párrafo aparte merece el tema de la medicación, ya que, como se trata de personas que deben recibir terapia hormonal de por vida, es imprescindible que esté garantizada su provisión en tiempo y forma.

La falta de cobertura de este tipo de prestaciones implican graves riesgos para la salud de las personas trans. Con alarmante frecuencia se hacen públicos casos de colocación de sustancias no autorizadas con fines estéticos (como aceites industriales de alta toxicidad y metacrilato) para moldear glúteos, senos y otras partes del cuerpo, por fuera del circuito legal de la medicina, en consultorios clandestinos y por personas no diplomadas. Las consecuencias de estas prácticas pueden ser gravísimas, incluso acarrear la muerte del damnificado.

También es muy común la autohormonación, es decir, el consumo de hormonas sin supervisión médica. Esto obedece en muchos casos al propio deseo del paciente de acelerar el proceso; decide aumentar las dosis para percibir los cambios corporales en menor tiempo o potenciar sus efectos, lo cual no sólo no produce los resultados esperados, sino que además puede ser altamente perjudicial para la salud. Pero también puede ser producto del faltante de medicación, que empuja a los pacientes a adquirir fármacos alternativos sin el debido control, para no interrumpir el tratamiento.

Y, en términos generales, el déficit de atención sanitaria de las personas transgénero las priva del necesario abordaje integral e interdisciplinario, que supone el trabajo conjunto y coordinado de cirujanos, clínicos, endocrinólogos, psicólogos y asistentes sociales.

Finalmente, uno de los aspectos que más interrogantes genera —principalmente en quienes desean emprender una transición de género, pero también en el común de la gente— se vincula a la posibilidad de sentir placer sexual luego de una cirugía de reasignación genital. La opinión médica postula que la excitación y la capacidad de experimentar orgasmos están garantizadas, desde el momento que en todos los casos se conservan los principales tejidos de sensibilidad erógena.

Se trata de un tema poco documentado, entre otras razones porque la vivencia de sexualidad es intrínsecamente subjetiva y no hay manera de "medirla", y en el caso particular de los transexuales posoperados, se vincula a la aceptación del nuevo cuerpo y rol, y al aprendizaje de un nuevo comportamiento sexual. Adicionalmente, el desarrollo de estas técnicas quirúrgicas es todavía muy reciente, por lo que no hay suficientes datos de valor estadístico que permitan establecer patrones de éxito/fracaso.

En definitiva, no es una cuestión que tenga una respuesta unívoca y cerrada. Cada experiencia individual es diferente, y probablemente para algunos el cambio de sexo haya significado sacrificar el placer, mientras que para otros haya implicado el descubrimiento de nuevas dimensiones del goce. En este punto, tal vez sea oportuno recordar que la sexualidad humana no es sólo genitalidad. Y que, en definitiva, el órgano sexual por excelencia es el cerebro, donde todo es posible.

Capítulo 5
UNA NUEVA VISIBILIDAD

"Hasta el día de mi muerte, miraré hacia atrás con orgullo por haber encontrado la valentía para enfrentarme cara a cara al espectro que por tiempo inmemorial ha estado inyectando veneno en mí y en hombres de mi naturaleza."
Karl Heinrich Ulrichs (1825-1895), escritor alemán y pionero del movimiento LGTB

Los anales de la historia registran el primer caso de cambio de sexo de hombre a mujer a principio de los '50, en Dinamarca. Hasta allí viajó George Jorgensen, un estadounidense de 27 años de edad, en busca de una solución quirúrgica a su anhelo de convertirse en mujer, una opción que en su país natal no existía. Tras ponerse en contacto con un médico endocrinólogo que se encontraba experimentando con terapias de reemplazo hormonal, comenzó un tratamiento con hormonas femeninas (etinilestradiol). Simultáneamente, comenzó a llevar ropa de mujer y a mostrarse en público como tal.

Un año más tarde, en septiembre de 1951, se sometió a una orquiectomía (extirpación de testículos). Trece meses después, se le practicó una penectomía (remoción del pene). Nada de esto fue sencillo, pues la legislación danesa tenía prohibidas las cirugías de castración en seres humanos, y fue necesaria una autorización especial del primer ministro.

En diciembre de 1952, el evento fue noticia de tapa en el *New York Daily News*, luego reproducida en la mayoría de los periódicos estadounidenses, en muchos casos con tono sensacionalista y titulares en sorna ("Muchacho del Bronx ahora es una muchacha", "Exsoldado se convierte en una belleza rubia").

Regresó a Estados Unidos en 1953, ya con el nombre de Christine, y un par de años más tarde se hizo una vaginoplastia (reconstrucción quirúrgica de una vagina). Mientras tanto, se volvió una celebridad. Concedió reportajes a infinidad de medios gráficos, narró su experiencia tanto en los estudios de televisión como en foros universitarios y su historia inspiró el filme *Glen o Glenda*, estrenado en 1953. Trabajó como actriz, inició una carrera como cantante y regenteó su propio *nightclub*. Igualmente, nunca pudo rectificar sus documentos de identidad, y se le negó permiso para contraer matrimonio en dos oportunidades.

Y, más allá de que fue tratada por muchos como una especie de fenómeno de circo, se erigió en símbolo de la liberación sexual más radical hasta entonces presenciada.

Por supuesto, por tratarse de la primera operación de este tipo en la historia, la transición no fue fácil. Christine se refirió a los resultados obtenidos como "satisfactorio para ella y para la humanidad", pero nunca entró en detalles. Y de hecho algunos especialistas en el tema han señalado los muchos perjuicios sufridos por ella como consecuencia del poco conocimiento científico y técnico que se tenía en esa época. Christine murió en 1989, a los 62 años de edad.

En rigor, hay que destacar que nos estamos refiriendo al primer procedimiento de cambio de sexo integral y exitoso. Hubo un antecedente en 1930, cuando la danesa Lili Elbe fue tratada en Berlín y Dresde por médicos alemanes pioneros en la materia. Las características de todo el proceso no fueron completamente documentadas, pero es bastante claro, con los conocimientos actuales, que todo el plan era descabellado y que seguramente le ocasionó ingentes padecimientos a la paciente.

Una primera diferencia es que en este caso no hubo terapia hormonal. Por lo demás, se la sometió a cinco operaciones en un lapso de dos años, la primera de ellas para removerle completamente los órganos genitales masculinos. En la segunda, se le transplantaron ovarios (de una donante), que debieron ser rápidamente extraídos en las dos intervenciones siguientes. La última cirugía consistió en un trasplante de útero, que obviamente fracasó rotundamente, y poco después falleció.

De mujer a hombre

La primera mujer que se operó para ser hombre nació en 1915 en el seno de una acomodada familia de Londres y fue bautizada como Laura Dillon. Ya en la pubertad, comenzó a sentirse atrapada en un cuerpo equivocado y a experimentar el deseo de vivir como varón. Se cortó el pelo y cambió su vestuario por ropas amplias que le conferían un aspecto ambiguo. Posteriormente, se trasladó a Oxford para estudiar medicina y allí, en 1938, empezó a tomar píldoras de testosterona (hormona masculina) bajo supervisión médica. No conforme con los efectos, acometió por su cuenta un proceso de automedicación, experimentando consigo mismo. Su voz se hizo más grave, ganó masa muscular, se le ensanchó el pecho y comenzó a salirle vello facial.

Unos años más tarde, Laura había quedado en el pasado y se convirtió en el doctor Michael Dillon, un hombre de profusa barba e impecable traje y corbata que no habría llamado la atención en ningún club para caballeros. Sin embargo, ello no dejaba de ser un "disfraz", y decidió emprender el camino quirúrgico. En 1942 se hizo una mastectomía (extirpación de las mamas) y más tarde se contactó con Harold Gillies, reconocido mundialmente como el padre de la cirugía plástica, quien llevó adelante la transformación definitiva. Fueron trece intervenciones realizadas casi en secreto entre 1946 y 1949, no exentas de complicaciones y riesgo de vida, entre ellas la primera faloplastía de la que se tenga conocimiento, que le proporcionó un pene en estado permanente de semierección.

Según declararía mucho tiempo después, el resultado fue bueno, pero el miedo a que su cambio de sexo trascendiese lo obsesionaba. Al punto que no se atrevió a tener relaciones con mujeres por temor a ser descubierto.

Mientras se sucedían las operaciones, escribió el libro *Un estudio en endocrinología y ética*, en el que postuló que tanto la transexualidad como la intersexualidad no se podían curar a través del psicoanálisis, sino que debían ser tratadas médicamente.

Cuando en 1958 su historia salió a la luz y fue publicada en los periódicos, huyó a la India, donde murió en 1962, a los 47 años de edad, por causas que se desconocen.

Caso testigo en el ámbito deportivo

El norteamericano Richard Ruskind era un destacado médico oftalmólogo que durante muchos años prestó servicios en la Marina de Estados Unidos. Alternaba el ejercicio de esa profesión con la práctica del tenis, deporte en el que logró hacerse un nombre y ocupar posiciones expectantes en el ránking. A principios de los '70, cuando rondaba los 40 años de edad y jugaba profesionalmente en la categoría senior, comenzó un tratamiento para cambiarse de sexo, que culminó en 1975 con una vaginoplastia. Ya con el nombre de Renée Richards, se inscribió en el circuito femenino y continuó compitiendo. Al año siguiente consiguió una invitación para participar en el US Open, uno de los principales torneos del tenis internacional.

Pero su juego ya llamaba la atención, por la fuerza de sus golpes y la potencia de sus saques, amén de su gran contextura física (medía cerca de 1,90 m). Aparentemente un periodista inquieto se puso a indagar, descubrió su verdadera identidad y propagó la información entre las competidoras. El escándalo no tardó en estallar, y 25 de las participantes elevaron sus quejas, aduciendo que tenía ventaja física sobre ellas. Ante la polémica, la Federación Estadounidense de Tenis decidió ese año exigir una prueba de cromosomas a todas las atletas. Renée Richards se sintió insultada y se negó a realizarla, por lo que fue descalificada. No contenta con ello, llevó el caso a los tribunales.

Tras un proceso judicial de un año, finalmente la corte del estado de Nueva York le dio la razón, y la Federación tuvo que permitirle inscribirse en el US Open de 1977 (en el que llegó a la final en la categoría dobles de damas).

Posteriormente publicó dos libros autobiográficos y, aunque siempre prefirió mantener un perfil bajo, se convirtió en un referente de los derechos trans por la contundencia de sus posturas y la claridad para expresarlas:

"Me han preguntado muchas veces por qué no viví simplemente la vida de un homosexual. Esta pregunta la hacen aquellos que no comprenden la cuestión transgénero: Richard era un hombre heterosexual y Renée es una mujer heterosexual. Él no tenía interés en los hombres y, cuando Renée fantaseaba, lo hacía con los placeres del sexo como una mujer con vagina".

Como se puede apreciar, todo prejuicio o concepto conclusivo desde afuera parece condenado al error. Continúa Richards:

"No pienso en mí misma como transexual o transgénero. Sin embargo, no niego que cuando me retiré del tenis el mundo tenía más conciencia de lo que era una mujer transgénero, y esa visibilidad y familiaridad, sin mencionar mi éxito como entrenadora, diluyeron muchos de los rasgos escandalosos de esta condición. Abrí puertas para las que me siguieron, y soy una heroína para muchas de ellas".

Una larga lista

Los mencionados son sólo algunos de los casos de personas trans famosas o que se han hecho conocidas, específicamente aquellos en los que hay constancia de que se sometieron a un cambio de sexo completo (es decir, a una cirugía de reasignación genital). Pero hay muchas otras personalidades cuya condición trans es pública y notoria. Aunque no siempre se sabe con certeza hasta que punto llevaron adelante su transformación física (mayormente porque ellas mismas no han querido revelar tales detalles). Se las suele tratar indistintamente de travestis, transgénero o transexuales, lo cual indica que, más allá de la confusión reinante respecto al significado preciso de cada uno de estos términos, verdaderamente poco importa saber con exactitud cuántas y cuáles cirugías se han hecho.

Igualmente cierto es que en gran cantidad de ocasiones ese estado público no ha sido voluntario ni deliberado por parte de los aludidos, sino fruto de la inescrupulosa tarea de los medios de comunicación que investigan y rastrean en las vidas privadas de la gente en busca de alguna "primicia" con ribetes escandalosos.

También en los '70 aparecía en escena Bibi Andersen, actriz, vedette y cantante española de dilatada carrera en su país y célebre en el mundo entero.

Nacida Manuel Fernández, desde temprana edad se sintió mujer y decidió vivir como tal. Con poco más de 20 años de edad, abandonó su Málaga de infancia y partió rumbo a Barcelona a probar suerte como actriz. Sin embargo, no le fue fácil. Aunque el mundo del espectáculo era más permisivo que otros en aquella época, no tuvo más remedio que explotar su ambigüedad física para ganarse la vida y acabó trabajando en espectáculos de *strip-tease*. Siempre salió al ruedo sin ocultar su condición. En 1977 debutó en el cine con una película titulada nada menos que *Cambio de sexo*, en la que se atrevió a un desnudo integral, mostrando sin pudor sus atributos masculinos. El éxito de ese filme la catapultó a la fama, abriéndole las puertas a la televisión, el teatro y los espectáculos de revista. Su popularidad siguió creciendo gracias a los numerosos filmes del director Pedro Almodóvar en los que participó.

Tras someterse a un tratamiento hormonal y a una cirugía de reasignación sexual femenina en 1991, un juzgado de Madrid reconoció el cambio de sexo y obtuvo su documento de identidad como mujer, en un fallo ejemplar que solucionó el vacío legal existente en ese momento en España respecto de las personas trans.

Otro caso de gran repercusión internacional fue el de la cantante israelí Dana Internacional, ganadora en 1998 del Festival Eurovisión. Calificada por la prensa como "la sensación transexual de la canción", en su país natal fue duramente cuestionada por sectores religiosos ortodoxos, que la calificaron como un "demonio", a punto tal que la televisión local decidió no cubrir el evento. Siguiendo sus pasos, la austríaca Conchita Wurst se alzó con el premio mayor en la edición de ese festival de 2014. Explotando una marcada estética de la ambigüedad –cabello largo, maquillaje, sensual vestimenta femenina, y una prolija barba recortada–, su imagen dio la vuelta al mundo y se convirtió de la noche a la mañana en una estrella de escala planetaria.

La exitosa serie norteamericana *America's Next Top Model*, un formato de concurso de modelaje que ha sido replicado en varios países de Latinoamérica, dio un golpe de timón en 2008 al incluir a una participante transgénero, Isis King, entre las catorce finalistas. Un año más tarde se lanzó una edición especial denominada *America's Next Top Transsexual Model* que, como su nombre lo indica, sólo permitían competir mujeres trans.

Otro espacio ganado es el de los concursos de belleza. La canadiense Jenna Talackova en 2012 tuvo la osadía de postularse como aspirante a Miss Universo Canadá. Sin embargo, al ser descubierta, fue descalificada por no ser una "naturalmente mujer". Resuelta a dar batalla, logró reunir más de cuarenta mil firmas en una petición online, reclamando su inclusión, al mismo tiempo que amenazó con iniciar acciones legales contra la organización, propiedad del magnate Donald Trump. Frente a tamaña presión, y al escándalo en ciernes, finalmente se aceptó su participación y se modificaron las reglas de admisión del certamen, abriendo las puertas a futuras aspirantes trans. Detrás de esta conquista hay una historia de vida más que interesante. Nacida en Vancouver y perteneciente a una familia de la etnia babine, a los 14 años de edad decidió adoptar el nombre de Jenna y emprender una terapia de hormonas con vistas a una cirugía de reasignación genital, objetivo que cumplió cinco años más tarde. Ello le permitió cambiar su sexo registral y obtener nuevos certificado de nacimiento, pasaporte y licencia de conducir. Siendo entonces legalmente una mujer, se inscribió como tal en el referido concurso. En diversos reportajes narró que siempre contó con el apoyo de su familia y de la comunidad babine. Explicó que "transgénero" es una palabra inexistente en el lenguaje de sus ancestros, y que para ellos es sólo una mujer de dos espíritus. Según sus propias palabras: "en esta tribu existe una concepción distinta, se considera que las mujeres nacidas con partes de hombres son doblemente bendecidas, pues tienen el espíritu tanto masculino como femenino. Incluso algunas se desempeñan como sanadores o chamanes".

Con acento latino

Ophelia Pastrana es una figura muy conocida en Colombia y en México. Nació como varón en Bogotá en 1982 y fue bautizado Mauricio. Miembro de una renombrada familia vinculada al partido conservador (entre sus parientes directos figuran ex presidentes, ex ministros, ex alcaldes y prósperos empresarios), siguió un derrotero acorde a su medio social. A los 28 años, ya tenía títulos universitarios en física y en economía, posgrados en el exterior, su propia empresa de informática y un matrimonio con una joven "adecuada". Pero desde hacía varios años, a escondidas, tenía el *hobby* de vestirse como chica, algo que sentía que le ayudaba a sacarse el estrés. Y en alguna ocasión había tomado pastillas anticonceptivas para evitar que le creciera la barba o el pelo en el pecho. Lo cierto es que cada vez soportaba menos verse como un hombre, tanto que, también en secreto, comenzó a tomar hormonas y a experimentar los consecuentes cambios corporales. Su esposa no tardó en confrontarlo y terminó confesándole la verdad. Tomó la decisión de vivir lo que sentía y dejó todo para comenzar una nueva vida como Ophelia. Se divorció, vendió su empresa, se alejó de su familia, buscó ayuda especializada y comenzó a recorrer el camino de la transición, que incluyó cirugías de busto, de cuerdas vocales y de la nuez (o manzana) de Adán. Se mudó a México, donde fundó una exitosa firma de márketing digital. Muy activa en las redes sociales, es una personalidad muy reconocida tanto por su talento para los negocios como por su defensa de la causa LGBT.

En su país natal solicitó el cambio de nombre y de sexo en sus documentos legales; sólo le fue concedido el primero. En cuanto al segundo, le respondieron que en Colombia no era posible y, por lo tanto, su pasaporte fue expedido a nombre de "Ophelia Pastrana, hombre" (cabe mencionar que recién en junio de 2015 Colombia adoptó un procedimiento administrativo para el cambio registral de sexo).

Entonces tramitó la ciudadanía mexicana y obtuvo documentos de identidad como mujer, a la vez que accedió al tratamiento médico gratuito a través del sistema público de salud del Distrito Federal.

Con el tiempo reconstruyó los lazos familiares, y hoy considera que sus padres son el pilar de su vida. Respecto de la reacción de su familia, declaró en un reportaje:

"El proceso mental de alguien que cambia de género es básicamente un proceso de luto. Para mis cercanos, palabras más palabras menos, Mauricio ha muerto…, y Ophelia es la responsable. Así que, aparte de que hay una pérdida, no es fácil querer a una persona nueva".

La brasilera Lea T es célebre por diversos motivos. En primer lugar, por ser la primera modelo transexual que irrumpió en el ambiente de la moda, en 2010, a través de una sonada campaña para la firma Givenchy. Desde entonces, no ha parado de trabajar, y se ha convertido en la musa y preferida de los grandes diseñadores del mundo. Luego, por haber protagonizado una provocativa portada para la revista inglesa *Love*, en la que se besa apasionadamente en la boca con la famosísima modelo Kate Moss. Y finalmente por ser la hija del exjugador de fútbol Toninho Cerezo, ídolo nacional en Brasil, y que continúa vinculado al deporte como entrenador. Para Toninho no ha sido fácil de aceptar la situación y ha renegado públicamente de Lea varias veces, incluso ha llegado a decir que sólo tiene tres hijos en lugar de cuatro. Así lo explicaba ella en una de las primeras entrevistas que concedió:

"Cuando era pequeña mi padre me miraba y decía que había algo raro en mí. Después, todos en la familia empezaron a rezar para que no fuera gay. Hubiera sido el menor de los males para una familia estrictamente religiosa. Nunca hemos hablado del tema directamente. No le gusta tocarlo. Cuando nos vemos hablamos de trivialidades".

Asimismo hay numerosas artistas que se han abierto paso en el mundo del espectáculo en el continente latinoamericano.

En México se destaca la actriz de teatro y conductora de televisión Alejandra Bogue. El actor Armando Palomo, tras una extensa carrera que incluyó protagónicos en obras teatrales, películas y telenovelas, decidió adoptar una identidad femenina y se realizó una cirugía de cambio de sexo. Con el nombre artístico de Libertad, participó en 2005 de una popular tira, en la que encarnaba a una travesti.

En Argentina, Cris Miró saltó a la fama en 1995, cuando fue convocada como vedette en un espectáculo de revista, hecho que marcó un hito en la escena argentina, al darle lugar a una persona transgénero en una producción comercial de importancia y de calidad. A partir de allí se convirtió en una celebridad mediática y fue una invitada habitual en la pantalla de televisión, en donde siempre habló sin tapujos de la transexualidad.

Pocos años después, hizo su aparición Flor de la V, también como vedette, quien desde entonces ha desplegado una sólida trayectoria como actriz y conductora de televisión. En 2010 se convirtió en la primera mujer transgénero argentina en obtener autorización judicial para modificar su nombre y sexo registral, sin necesidad de acreditar una cirugía de cambio de sexo. En sus nuevos documentos figura como Florencia Trinidad, nombre con el que se la conoce actualmente. Un año más tarde, volvió a ser noticia cuando junto a su marido fueron padres de mellizos, gestados mediante un vientre de alquiler.

Mujeres trans en la política

En las últimas dos décadas, la mayor aceptación social de las personas trans se ha visto reflejada en su irrupción en esferas del poder. En la mayoría de los casos, se trata de figuras con una larga militancia en pos de los derechos LGBT, que en determinado momento han decidido saltar al ruedo de la política como una forma de continuar esa lucha desde una posición institucional. Desde ya, no en todos los casos han podido doblegar la resistencia de los sectores más conservadores y tradicionales, y lograr las reformas que propusieron, pero sus voces resuenan firmes y claras en todos los recintos. En una tendencia que va en crecimiento, las minorías sexuales están siendo representadas por sus propios miembros, ya no necesitan terceros que hablen en su nombre.

La neocelandesa Georgina Bayer ostenta el doble récord de ser la primera persona abiertamente transexual en el mundo en haber sido electa alcaldesa (en 1995) y diputada al Parlamento nacional (en 1999). Asumida como mujer desde los 17 años de edad, ejerció la prostitución y trabajó como transformista en un local nocturno, para luego labrarse una carrera como actriz de cine, teatro y televisión con la que obtuvo varios premios. Como legisladora, impulsó iniciativas para la protección de las trabajadoras sexuales, el reconocimiento de la identidad de género, y la defensa de los derechos de la etnia maorí, a la que ella misma pertenece.

La segunda parlamentaria trans del mundo (y primera de Europa) fue la italiana Vladimir Luxuria, elegida en 2006. Con pasado de actriz y presentadora de shows televisivos, ha sido desde muy joven una eminente activista LGTB, organizadora de la primera Marcha del Orgullo Gay en Italia, en 1994. Durante su gestión como diputada, promovió –sin éxito– una ley para penalizar la discriminación por razones de orientación sexual e identidad de género.

En 2011 se sumó a este grupo la polaca Anna Godzka, quien obtuvo un escaño en el Parlamento nacional, en representación de un pequeño partido anticlerical y de izquierda. Desafiando al régimen conservador que gobierna Polonia desde hace una década, motorizó el debate sobre uniones civiles para parejas del mismo sexo.

Ha tenido que soportar todo tipo de agravios de sus pares del oficialismo: han bloqueado su acceso a la vicepresidencia de la cámara baja, y en pleno recinto se dirigen a ella en masculino, tratándola de "señor". Pese a todo, su marcha no se detiene: ha anunciado su postulación como candidata a presidenta de la república en las elecciones de 2015.

También en 2011, la española Carla Antonelli tuvo el honor de ser la primera mujer transexual en acceder a un cargo de representación parlamentaria en España, al ser electa legisladora para la Asamblea de la Comunidad Autónoma de Madrid. Figura de dilatada trayectoria en los movimientos por los derechos de las personas trans, y de larga militancia en el Partido Socialista Obrero Español, también desarrolló una importante carrera como actriz de series de televisión, teatro y cine, que comenzó en 1980 al protagonizar el primer documental temático sobre la transexualidad producido en su país.

Por último, en esta reseña merece ser citada Amanda Simpson, que, si bien no fue elegida por el voto popular, fue nombrada en 2010, por designación directa del presidente Barack Obama, consejera técnica del Departamento de Comercio de Estados Unidos, convirtiéndose en la primera mujer transgénero en ocupar un alto cargo en la administración pública federal de ese país. Actualmente se desempeña en el Pentágono (Departamento de Defensa) con el rango de directora ejecutiva.

Hombres trans

Entre los casos de mujeres que han adoptado identidades masculinas, hay dos que han acaparado la atención de la prensa, no tanto por sus méritos propios, sino más bien por ser hijos de padres famosos.

Chaz Bono ganó notoriedad en 1995 –cuando aún tenía apariencia femenina–, al revelar públicamente su homosexualidad en un reportaje. Por ese entonces tenía 26 años y ya era una figura conocida para el público por ser la hija de la célebre pareja de cantantes Sonny Bono y Cher. A partir de allí se sumó a las filas del activismo LGBT, pero su vida personal transitaba por la depresión y las adicciones. Le llevó muchos años comprender que en realidad no era lesbiana (una mujer a la que atraen otras mujeres), sino que lo que profundamente deseaba era vivir como un hombre. En 2008 inició los tratamientos médicos para completar su cambio de género, y dos años más tarde se cambió legalmente su nombre y su sexo registral.

Stephen nació en 1992 como una niña, Kathlyn Elizabeth, fruto del matrimonio de los actores Warren Beatty y Annette Bening. A los 14 se declaró transgénero y emprendió lo que él mismo llama su "transición social" a hombre, a pesar de las opiniones divididas de sus padres. Warren se casó ya mayor, tras forjar una leyenda de soltero más codiciado de Hollywood, por cuya cama supuestamente habían desfilado miles de mujeres. La transformación de Stephen y el alto perfil que éste cultiva no le sentaron nada bien. Bening, en cambio, lo ha apoyado siempre.

Más allá de los problemas familiares, Stephen, a sus 22 años de edad, es un aplicado estudiante de literatura en la prestigiosa universidad Sarah Lawrence College. Es poeta con obra publicada, y diseminada por la red, y también se considera como un artista performático, ya que actúa en teatros experimentales de su ciudad, Nueva York. Además es una figura conocida del activismo. Su presentación al mundo, a través de un video publicado en un sitio de temática LGBT, causó enorme impacto. Allí se definía como "un hombre trans, una reina afeminada, homosexual, queer, un luchador rarito, un escritor, un artista y un tipo que necesita un corte de pelo".

En el ambiente del rock se destaca Lucas Silveira, nacido en Canadá en 1979 como Lilia, que integra la banda The Cliks como vocalista, guitarrista y compositor. Es un caso renombrado, además, porque ha optado por no tomar hormonas masculinas para no cambiar su voz.

Yvonne Buschbaum nació en Alemania en 1980 y es considerada la mejor garrochista de la historia en su país natal: llegó a ocupar el cuarto lugar en el ránking mundial. Participó de distintos certámenes internacionales, alcanzando su mejor actuación en los Juegos Olímpicos de Sidney 2000, al quedar en el sexto puesto.

En 2007 anunció su retiro como consecuencia de su deseo de comenzar el cambio de sexo. El inicio de un tratamiento con hormonas masculinas la obligaba a alejarse de las competencias profesionales, ya que la testosterona le daría dóping positivo. Completado el proceso de reasignación genital, y ya como Balian Buschbaum, continuó vinculado al deporte como entrenador. Su historia y su nueva imagen fueron ampliamente difundidas por los medios de comunicación, que lo catalogaron como el hombre transexual más bello del planeta.

Desafiando preconceptos

Pero, sin lugar a dudas, el caso más resonante ha sido el del norteamericano Thomas Beatie, que se volvió internacionalmente famoso por ser el primer "hombre embarazado". Nacido como mujer, cuando tenía algo más de veinte años, en 2002, se sometió a una cirugía para la reconstrucción de senos y también recibió terapia hormonal, aunque mantuvo sus órganos reproductivos con la esperanza de algún día tener hijos. Casado con una mujer que no podía concebir, la pareja resolvió que Beatie llevara adelante el embarazo con semen de un donante.

Así, en 2008, captó la atención de la prensa mundial cuando apareció un artículo en *The Advocate* –la revista de temática LGBT de mayor difusión de Estados Unidos–, con un extenso reportaje ilustrado con fotografías de torso desnudo, en las que se aprecia su apariencia completamente masculina y un avanzado estado de gravidez. A partir de allí fue invitado a varios programas de TV de gran audiencia, como el de la presentadora Oprah Winfrey, donde explicó que decidió hacer pública su historia porque "ocultar a un hombre embarazado es como ocultar a un gorila de 800 libras".

En 2009 y 2010, tuvo dos hijos más, luego de lo cual retomó el uso de hormonas masculinas, tratamiento que había tenido que suspender para poder llevar a cabo exitosamente la gestación.

En la Argentina, la irrupción mediática de Alejandro Iglesias puso por primera vez en la pantalla el caso de un hombre transgénero. Nacido Silvia en 1984, en el comienzo de su adolescencia tuvo plena certeza de sus deseos de ser hombre. Durante esa época se cortó el pelo, se aplicó inyecciones de hormonas y empezó a ir al gimnasio para moldear su cuerpo y darle a su musculatura un aspecto masculino. Empezó a sentirse más seguro de sí mismo y a proyectar una cirugía de cambio de sexo, algo que por razones económicas le resultó imposible de concretar durante muchos años. En 2011, cuando decidió participar del *reality show* llamado *Gran Hermano*, su vida dio un vuelco. Aunque no ganó la competencia, fue el participante que acaparó más atención del público. Desde el comienzo del show, habló abiertamente de su condición y declaró que su objetivo era obtener el premio (una importante suma de dinero) para afrontar los costos de la operación. También subrayó la intención de que su caso sirviera para poner el foco en la transexualidad masculina –un tema prácticamente inexistente en los medios, a diferencia de la transexualidad femenina–, y para que la sociedad tomara contacto con estas realidades. Incluso confesó que muchos de sus amigos desconocían su condición y descubrirían la verdad a través de la televisión. Desde entonces la vida de Alejandro ha sido noticia frecuente: sus noviazgos, rupturas, dificultades para conseguir empleo o vivienda, etc., son motivo de interés de la prensa y la TV. Habitual invitado en diversos programas, suele dar reportajes brindando detalles de su vida personal, incluyendo los pormenores de la cirugía de reasignación genital a la que se sometió en 2013 y las características de la prótesis peniana que le fue implantada con posterioridad.

Éstos son algunos de los caminos de la diversidad en el nuevo siglo, que de seguro desafiará cada día más nuestra apertura mental y nos llevará a un nuevo y radical concepto de la criatura humana y su identidad.

Capítulo 6
LOS MISTERIOS
DE LA NATURALEZA

> "Donde haya un árbol que plantar, plántalo tú. Donde haya
> un error que enmendar, enmiéndalo tú. Donde haya un
> esfuerzo que todos esquivan, hazlo tú. Sé tú el que aparta
> la piedra del camino".
> Gabriela Mistral (1889-1957), poetisa chilena

Si la aceptación y la visibilidad del transgenerismo son un fenómeno relativamente reciente, el caso de la intersexualidad es aun menos conocido y debatido, y en consecuencia, más ocultado por las personas que la padecen.

Hasta no hace mucho, era una cuestión de mitos y leyendas, reservada a dioses, ninfas u otras criaturas extraordinarias. Durante siglos se la llamó hermafroditismo, término que ha sido abandonado porque tanto en su significado como en su uso popular alude a una idea errónea. No son hombres y mujeres a la vez; nadie tiene dos conjuntos completos de órganos sexuales. A lo sumo, una persona puede tener a la vez tejido ovárico y testicular (que pueden ser fisiológicamente funcionales o no), y el resto de su anatomía interna y externa presentar distintos grados de ambigüedad.

Actualmente, el consenso médico internacional se inclina por el término "anomalías de la diferenciación sexual". No obstante, fuera del ámbito científico, se prefiere evitar la palabra "anomalía" por la connotación peyorativa que sugiere.

Al margen de los patrones

Como se ha señalado en la introducción del presente trabajo, la cualidad de intersexual no se refiere ni a una orientación sexual ni a una identidad de género discordante con el sexo biológico. Es un término general que designa una particular

105

condición física que no se encuadra en el patrón de "varón estándar" o "mujer estándar". Se trata de una gran variedad de casos en los no hay concordancia entre el sexo cromosómico, los genitales externos y los internos.

Hay diversas causas posibles, ya sean de origen genético (alteraciones a nivel cromosómico) o congénito (ocurridas durante el desarrollo del feto): que los cromosomas sexuales no sean normales; que las gónadas (ovarios/testículos) no sean acordes con los cromosomas sexuales; que los genitales no sean acordes con los cromosomas sexuales y/o con las gónadas.

Así, algunas personas nacen con órganos sexuales externos que no se distinguen fácilmente, que parecen ser femeninos o masculinos o ambos, pero que no son totalmente femeninos o masculinos. Pueden tener un clítoris de gran tamaño, de más de dos quintos de pulgada (un centímetro) de largo. Pueden tener un pene pequeño, de menos de una pulgada (un centímetro) de largo.

En otros casos, el recién nacido tiene tanto tejido ovárico como testicular, lo que pude ocurrir en la misma gónada (un ovotestículo), o puede presentar un ovario y un testículo. En tales casos, los genitales externos pueden ser ambiguos o pueden tener apariencia masculina o femenina.

Otras personas tienen cromosomas sexuales que son distintos de los habituales XX (femenino) o XY (masculino). Entre las afecciones cromosómicas más comunes, se encuentra el síndrome de Klinefelter (también denominado síndrome XXY), que afecta a los varones. Sus síntomas pueden variar, siendo los más frecuentes: musculatura débil, talla alta, escasa vellosidad, crecimiento de las mamas, bajo nivel de testosterona, pene y/o testículos pequeños, infertilidad, caderas anchas y patrón de acumulación de grasa típicamente femenino. Asimismo suelen manifestar en la infancia problemas asociados, como dificultades en el habla, el aprendizaje y el desarrollo social.

En el caso de las mujeres, uno de los más frecuentes es el síndrome de Turner, también conocido como monosomía X, caracterizado por la ausencia de un cromosoma X. Los rasgos principales que presentan las personas que lo padecen son: baja estatura, piel del cuello arrugada, implantación baja de orejas y de cabello, tórax ancho, edema de manos y pies, ovarios subdesarrollados, aspecto infantil de genitales externos y mamas, ausencia de la menstruación, esterilidad. Adicionalmente pueden tener alta predisposición a la obesidad, diabetes, osteoporosis e hipertensión, así como mostrar dificultades de aprendizaje en materias no verbales (como las matemáticas).

En resumen, las variantes que puede presentar la condición intersexual son muchas, y algunas de ellas no pueden detectarse sin analizar los cromosomas y las hormonas o sin examinar sus órganos sexuales internos. A veces, no hay manifestaciones visibles; por lo tanto, hay quienes tienen afecciones intersexuales durante toda su vida y nunca lo saben. En muchos casos, es en la pubertad cuando se revela, al evidenciarse problemas en el desarrollo sexual (desarrollo tardío o escaso, caracteres secundarios ambiguos). Y en otros el diagnóstico recién se realiza cuando la persona, ya adulta, acude al médico por problemas de infertilidad.

Contrariamente a lo que se cree, no es un fenómeno extremadamente raro. Según la Organización Mundial de la Salud (OMS), una de cada 2.000 personas en el mundo nace con dicha condición, y se estima que el 1% de la población tiene alguno de los 50 síndromes asociados a la intersexualidad. Pero, como bien señala el especialista español Gabriel J. Martín, psicólogo y él mismo intersexual, "el albinismo es 10 veces menos frecuente y todo el mundo sabe lo que es un albino pero, en cambio, pocos saben qué es la intersexualidad".

Cuerpos diversos

Uno de los grandes temas de debate gira en torno a si se debe recurrir o no a la cirugía para corregir algunas manifestaciones orgánicas de la intersexualidad (genitales ambiguos o malformados, gónadas atrofiadas o con localización anómala), especialmente cuando se trata de un recién nacido.

A partir de los '80, con el auge de los adelantos quirúrgicos, se impuso la tendencia de operar cuanto antes, bajo la creencia de que, si una persona crecía con un sexo "indeterminado", el desarrollo de su personalidad se veía afectado negativamente. Entonces, se practicaba una remodelación genital, en la que imperaba un criterio básicamente "métrico": un clítoris mayor de un centímetro y un pene menor de dos y medio eran considerados inaceptables y, por lo tanto, debían ser "normalizados". La cirugía solía complementarse con una descarga de hormonas antes de la pubertad, para evitar que las gónadas entraran en funcionamiento y dirigieran el desarrollo físico hacia el sexo contrario al asignado.

Pero, cuando estas personas crecieron, se comprobó que en muchos casos su sentimiento de identidad no se correspondía con el género asignado, más allá de la apariencia de sus genitales. Y, más aun, sus experiencias de vida daban cuenta de que habían padecido similares dificultades (inseguridad, miedos, contradicciones) que los no operados.

Actualmente, el protocolo de actuación –contenido en el denominado "consenso de Chicago de 2006"– establece como prioridades el evitar la muerte del bebé, prevenir disfunciones, asegurarle la mayor calidad de vida posible y, finalmente, dejar los aspectos cosméticos de sus genitales para cuando sea adulto y pueda decidir personalmente si quiere modificarlos quirúrgicamente. Ello significa que se admiten aquellas intervenciones que se consideran médicamente necesarias, ya sea porque hay riesgo de vida o graves problemas funcionales (por ejemplo, malformaciones genitales que comprometen el sistema urinario).

Este enfoque involucra el trabajo interdisciplinario de pediatras, endocrinólogos, genetistas y bioquímicos, que junto con psicólogos y psiquiatras son los encargados de orientar a los familiares acerca de los posibles caminos a tomar.

No obstante, no todos los especialistas adhieren a estas premisas y, en cambio, siguen abogando por la realización inmediata de cirugías correctivas que hagan que los genitales se vean "normales". Lo cierto es que esto no es siempre factible, ya que los procedimientos quirúrgicos son más efectivos para quitar o remover estructuras que para crear estructuras nuevas. Por añadidura, estas intervenciones pueden generar cambios irreversibles en la sexualidad futura del paciente o problemas médicos crónicos.

El activismo que ha empezado a surgir en los últimos años ha adoptado mayoritariamente una posición refractaria al paradigma intervencionista. No sólo cuestiona toda noción de "enfermedad" subyacente, sino que rechaza la reducción de la problemática intersexual a meros aspectos físicos de los cuerpos.

En palabras del argentino Mauro Cabral, docente y consultor internacional en temas de género, además de intersexual:

"Las intervenciones quirúrgicas intersex realizadas durante los primeros días y/o meses de un recién nacido y que se prolongan, en muchos casos, a lo largo de toda la infancia y la adolescencia no sólo no nos devuelven a una supuesta 'normalidad' corporal, sino que mutilan la diversidad de nuestros cuerpos; mutilan nuestra sensibilidad genital y nuestra capacidad para el goce sexual, nuestra identidad y, en muchos casos, nuestra capacidad para optar por cirugías deseadas al llegar a ser adultos. Mutilan nuestro derecho a decidir aspectos centrales de nuestras vidas, y nuestro sentido de merecer ser queridos y aceptados aún sin cirugías. Para muchos de nosotros y nosotras, la experiencia de la intersexualidad constituye la evidencia de una auténtica mutilación genital infantil que debe detenerse. Las cirugías intersex no solamente conllevan una pérdida irreparable —e innecesaria— de la integridad corporal sino también, en muchos casos y deliberadamente, la de la historia personal".

La construcción de la identidad

Una cuestión decisiva –y también objeto de controversia– es la asignación de género al recién nacido intersexual. La opinión mayoritaria se inclina por la conveniencia de realizar tal asignación (con o sin cirugías mediante), sobre todo desde un punto de vista social. En este sentido, la recomendación es que los médicos y los padres consideren la anatomía y la fisiología del niño, y sobre la base de los conocimientos sobre las diversas condiciones de intersexualidad y sobre la propia cultura, decidan qué género es más probable que escoja el niño cuando crezca. Desde ya, esto implica que se acepte que podría expresar un género diferente en el futuro.

En la vereda de enfrente, se encuentran quienes sostienen que estos niños deben ser criados en un "tercer género".

India fue el primer país del mundo en reconocer en 2005 un tercer sexo, el de los *hijras*, una comunidad milenaria que en rigor está integrada por travestis, transexuales e intersexuales. En Nepal, una sentencia de la Suprema Corte del 2007 ordenó la creación de una categoría de tercer género en los documentos de identidad, destinada a todo el colectivo LGTBI. Posteriormente se incluyó esta categoría en el censo de población. En el caso de Australia, también fue un fallo de un tribunal el que habilitó en 2010 la existencia de un sexo neutro, el que puede ser elegido por transgénero e intersexuales.

En Alemania, desde el año 2013 se encuentra en vigencia una ley que permite registrar como persona sin sexo definido a los bebés intersexuales. Es decir, no es obligatorio consignar "femenino" o "masculino" en el certificado de nacimiento, pudiendo quedar esa casilla en blanco. Entre las bondades de este tipo de legislación, sus defensores señalan que contribuye a evitar cirugías improcedentes y dificultades burocráticas y legales, al mimso tiempo que abre un compás de espera hasta la etapa de desarrollo sexual, a partir de lo cual el propio individuo puede construir su identidad. Los detractores de esta filosofía, por su parte, apuntan que el tercer sexo o el sexo indefinido es aun más estigmatizante que la propia condición de intersexual.

A riesgo de resultar reiterativo, vale la pena enfatizar que los intersexuales no son personas transgénero, ya que estas últimas biológicamente poseen todas las características que las definen como pertenecientes al sexo hombre o mujer. Aunque con frecuencia se ven enfrentados a conflictos de identidad similares, cuando se les ha asignado un sexo al nacer (supuestamente el que "predomina") con el cual luego, en su vida adulta, no se identifican.

La mayoría de las personas intersexuales se sienten "únicas y diferentes" y deben superar enormes barreras sociales. Vergüenza, inseguridad, confusión, angustias, traumas. Sus infancias están marcadas por las consultas médicas y los tratamientos, por el disimulo y el ocultamiento, la certeza de ser especiales y no entender por qué. En la pubertad, el mundo se les viene abajo, cuerpo y mente que se disparan en direcciones misteriosas y contradictorias, un despertar sexual que los encuentra en la más absoluta incertidumbre.

A cualquier edad, la "salida del clóset" se les hace muy difícil porque, como la mayoría de la gente desconoce el tema, se ven obligados a dar muchas (y penosas) explicaciones. Y generalmente sienten que son vistos como una suerte de "fenómeno de circo".

En la historia y en el arte

Uno de los casos más conocidos es el de Adelaide Herculine Barbin (Francia, 1838-1868).

Desde el punto de vista orgánico, tenía características genitales y rasgos secundarios de los dos sexos. Fue inscrita como mujer y criada entre niñas en un internado dirigido por monjas. Recibida de maestra, ejerció como institutriz en una escuela religiosa en la ciudad de La Rochelle.

Atormentada por fuertes dolores abdominales (probablemente producidos por la presencia en la ingle de un testículo no descendido), junto con la plena conciencia de que había algo anómalo en su anatomía, buscó la ayuda de su confesor. Alertado el obispo sobre las particularidades del caso, ordenó un examen médico, como resultado del cual fue obligada a inscribirse en el registro civil como hombre (adoptando el nombre de Abel) y a actuar y vestirse como hombre.

Tal metamorfosis era demasiado escandalosa para la pequeña comunidad en que vivía, por lo que decidió exiliarse en el anonimato de París. Tenía por entonces cerca de 22 años y, arrancada de su medio social y forzada a desempeñar un rol para el que no estaba preparada, en la gran ciudad sólo encontró soledad y desempleo. Pocos años más tarde, se suicidó en su cuarto de pensión. Junto a su cadáver se encontraban sus memorias, un extenso manuscrito en el que relata sus padecimientos físicos y espirituales a partir de la adolescencia:

"¿Dónde encontrar la fuerza para declarar al mundo que yo usurpaba un lugar, un título que me prohibían las leyes divinas y humanas? Mi lugar no estaba marcado en ese mundo que huía de mí, que me había maldecido. No se me destinó un lugar en este mundo que me esquiva, que reniega de mí."

Inspirado en las memorias de Herculine Barbin, el escritor norteamericano Jeffrey Eugenides publicó en 2002 la novela *Middlesex*, que se convirtió rápidamente en *best seller* y fue acreedora del premio Pulitzer como obra literaria de ficción. En formato de saga familiar, el narrador de la historia es Cal, un intersexual inscripto y criado como niña que en la adolescencia inicia la transición hacia una identidad masculina. Sobre la base de información científica fehaciente, el autor describe al protagonista como portador del "déficit de la enzima 5-alfa reductasa", un trastorno que afecta a los varones y que se caracteriza por una diferenciación incompleta de los genitales (que presentan un aspecto ambiguo, o incluso más femenino que masculino). De este modo, uno de los principales méritos de esta obra es el de situar en el centro de la trama, y con adecuada rigurosidad, la problemática intersexual.

En esta misma línea merecen destacarse algunas producciones cinematográficas recientes, como las argentinas *XXY* (2007) y *El último verano de la Boyita* (2009); la dominicana *Hermafrodita* (2009), y la sueca *Algo se debe romper* (2014). Con distintos matices, retratan las vivencias íntimas de las personas intersexuales, el difícil tránsito de la pubertad, el dilema de la propia identidad, la mirada de los otros, entre otros aspectos que hacen a una realidad que recién comienza a llegar a públicos masivos.

De todas formas, casi no existen casos de figuras conocidas (del ámbito del deporte, el espectáculo, la política, etcétera) que hayan asumido abiertamente su condición de intersexuales. Sin lugar a dudas, sigue siendo un tema tabú.

Y, en este sentido, los antecedentes no son alentadores. La exposición pública de la que fue objeto Caroline Cossey en los '80, es una cabal muestra de la ignorancia y la insensibilidad con que se abordan mediáticamente estos temas.

Nacida en 1954 en la pequeña localidad de Brooke, Inglaterra, fue inscripta como varón y criada como tal. Ya en la adolescencia, se hicieron manifiestas características femeninas en su apariencia, ya que sufría una variante del síndrome de Klinefelter (en su caso, con un cariotipo XXXY). Agobiada por ser la "mariquita" del pueblo, a los 17 años huyó a Londres con la firme determinación de modificar su aspecto externo y vivir como mujer a tiempo completo. Mientras completaba los tratamientos hormonales, y tras realizarse un implante de mamas, trabajó como bailarina en locales nocturnos. En 1974 se sometió a una vaginoplastía y, bajo el nombre artístico de Tula, inició una carrera como modelo, apareciendo en prestigiosas revistas de moda y actualidad. Su foto en *topless* ilustró las páginas del diario *The Sun* —el de mayor tirada en Inglaterra— y posó para la revista *Playboy*. En 1981 participó como extra en una película de la saga de

James Bond, *Sólo para tus ojos,* en la que se mostraba en bikini al borde de una piscina. El escándalo no tardaría en llegar, cuando el periódico sensacionalista *News of the World* reveló su condición en una nota de primera plana bajo el titular "La chica Bond era un chico".

Nunca más fue convocada como actriz, y su actividad como modelo se vio truncada, ya que a partir de la revelación sólo pudo realizar trabajos menores.

Pese al profundo impacto emocional que le significó este episodio −años después confesó que en ese momento pensó en suicidarse−, no se amilanó. Publicó dos autobiografías e inició una larga batalla judicial para poder casarse. Impedida por la ley británica para contraer matrimonio con un hombre −pese a que había cambiado legalmente de nombre− recurrió ante la Corte Europea de Derechos Humanos. Luego de más de siete años de proceso, en 1990 ese organismo falló en su contra, argumentando que su partida de nacimiento no podía ser modificada y, por lo tanto, debía ser considerada un varón; y como tal no estaba habilitada a casarse con una persona de su mismo sexo. Con ironía, en aquella oportunidad declaró a la prensa:

"Me puedo casar con una mujer, lo que no pretendo hacer, pero no puedo consumar el matrimonio. Es un matrimonio nulo. En cambio, puedo consumar el matrimonio con un hombre, pero no me puedo casar con él".

Más allá del derrotero personal de Caroline, en el Reino Unido fue necesario esperar hasta 2004 para que se sancionara la llamada Ley de Reconocimiento de Género, que permite legalmente el cambio de género a todos los efectos jurídicos.

Y, a pesar de lo publicitado que fue su caso, Caroline aún hoy en día sigue apareciendo en distintos portales y sitios de Internet como una "transexual" famosa −cuando no lo es−, lo que no hace más que agregar confusión respecto de la problemática de la intersexualidad.

Capítulo 7
Reconocimiento legal

Que una persona tenga una apariencia femenina pero en su documento de identidad figure como varón (o a la inversa) no es un tema menor ni anecdótico. Hay que detenerse un instante y visualizar el calvario en que se convierte su vida diaria. Cada vez que es necesario acreditar la identidad, en situaciones simples como matricularse en una institución educativa, solicitar un empleo, acceder a una biblioteca pública o abrir una cuenta bancaria, sobrevienen la humillación propia, la sorpresa ajena y la incomodidad general. A lo que puede sumarse la negativa a realizar el trámite en cuestión, o la imposición de un trato "diferencial" que no hace más que segregarlas y denigrarlas.

En algunos países, los lugares de votación están separados en mesas femeninas y masculinas. Una mujer transgénero que se ve forzada a presentarse en el sector destinado a los hombres se convierte automáticamente en la "nota de color" de la jornada (cuando no en el hazmerreír).

En la vida y en el papel

Por supuesto, tener un documento que refleje la imagen, el nombre y la identidad de género adoptada no agota la demanda de reconocimiento. Es en el ámbito de las relaciones interpersonales donde reside el mayor desafío. Pero es un punto de partida crucial para lograr la inclusión.

Tal vez sea una obviedad pero, dentro del colectivo LGBT, el segmento trans es el de mayor vulnerabilidad. Los homosexuales y los bisexuales, en la medida en que no modifiquen su aspecto físico (es decir que su apariencia se corresponda con los cánones de fisonomía, vestimenta y comportamiento asociados a su sexo biológico), pasan desapercibidos. Pueden vivir una vida relativamente tranquila, sin la necesidad permanente de justificarse o de verse obligados a revelar su orientación sexual. Es cierto que en la mayoría de los casos esto equivale a ocultarse o fingir –lo que no es en absoluto un horizonte deseable–, pero para ellos existe la posibilidad de minimizar el rechazo y la confrontación.

Por el contrario, para las personas trans, la exposición pública es constante, y más gravosa resulta cuanto más ambiguo es su aspecto exterior. Facilitar la modificación de su estatus legal, y proveerles un documento acorde, al menos elimina una parte de los padecimientos cotidianos. De otro modo, como sociedad continuaríamos reproduciendo el ejercicio de la crueldad.

Los testimonios sobre este tipo situaciones son incontables. Cada uno de ellos da cuenta de las múltiples formas que asumen la discriminación y el hostigamiento, como consecuencia de la falta de reconocimiento pleno de las personas trans, tanto en el plano jurídico como social.

Por ejemplo:

"La mayor incomodidad la pasé dentro del ambiente de la universidad. Fui llamada por la coordinación de la facultad y coaccionada a no usar el baño femenino. También en los aeropuertos tuve muchas incomodidades en el momento del embarque. En mi documento de identidad, mi foto no tiene cabello suelto ni estoy con maquillaje, además de que figura el nombre (masculino) que mi madre me dio. Entonces los empleados, al encontrarse conmigo, veían que era una persona completamente diferente. No es bueno estar todo el día gritando que no eres hombre ni eres mujer, que eres travesti y que quieres ser reconocida como travesti" (Dediane Souza, coordinador del Centro de Combate a la Homofobia de San Pablo, Brasil).

"Fui al despacho del director a matricularme en el turno noche de un centro de enseñanza secundaria. Él me preguntó que si había ido a matricular a mi hermano; le contesté que no y le dije que me llamaba Anna. Su asistente nos interrumpió para decirle que mi nombre era Panagiotis [el nombre legal masculino de Anna]. El director me dijo que no iba a aceptar a ninguna persona gay o trans en su centro. Me dijo que tendría que cortarme el pelo, dejar de maquillarme y vestir y actuar como un hombre. Yo estaba asustada y acepté esas condiciones durante un mes... el peor mes de mi vida. En un momento le dije al director que mis compañeros se reían de mí por mi condición, a lo que contestó que yo no era trans, porque no me había cambiado el sexo. Dijo que yo era un homosexual que quería llamar la atención vestido con ropa de mujer" (Anna, mujer transgénero de 26 años de Atenas, Grecia).

"Sigo teniendo nombre y número de identidad de mujer, y he tenido problemas. Por ejemplo, casi siempre que trato de recoger un paquete en la oficina de correos, me preguntan si el pasaporte es mío. También mi tarjeta de viajero lleva mi número de identidad, y cuando intento subir a un autobús, el conductor suele decirme que no es mía, porque en ella dice que soy mujer" (Hombre transgénero de Finlandia).

Principios de Yogyakarta

En el ámbito internacional, la incorporación de la población LGBT como sujetos particulares de derecho es un fenómeno reciente. Desde hace más de dos décadas, los organismos de derechos humanos han interpretado que, aun cuando la diversidad sexual no esté incluida de manera explícita en algunos tratados internacionales, las prohibiciones de discriminación fundamentada en el "sexo" deben entenderse como referidas también a la discriminación por orientación sexual e identidad de género.

Pero a partir del comienzo del siglo XXI la temática se empieza a considerar de forma específica, siendo uno de los principales hitos los denominados Principios de Yogyakarta, elaborados por una comisión de expertos de 54 países, y adoptados por el Consejo de Derechos Humanos de las Naciones Unidas en marzo de 2007. Allí se establecen una serie de normas legales vinculantes que todos los Estados deben cumplir en temas de orientación sexual e identidad de género.

En conjunto, consagran una idea muy simple pero contundente: los derechos humanos no admiten excepciones. No pueden esgrimirse razones basadas en la sexualidad de las personas para impedir el disfrute universal de los derechos humanos, lo que incluye cuestiones específicas como el reconocimiento de la personalidad jurídica y la protección contra los abusos médicos, entre otros.

Entre sus numerosos aspectos positivos, el documento señala que "con independencia de cualquier clasificación que afirme lo contrario, la orientación sexual y la identidad de género de una persona no constituyen, en sí mismas, trastornos de la salud y no deben ser sometidas a tratamiento o atención médicas, ni suprimidas". En consonancia, tampoco pueden imponerse estos procedimientos médicos como requisito para el reconocimiento legal de la identidad de género.

La aplicación práctica de estos principios es en gran medida una asignatura pendiente. Son muy pocos los países en el mundo que han incorporado estos lineamientos a sus legislaciones nacionales. En la mayoría (incluidas 23 naciones europeas, algunas de ellas con fama de "abanderadas" de la igualdad, como Bélgica, Dinamarca y Noruega), las personas transgénero, para modificar su estatus legal, tienen que someterse a un tratamiento quirúrgico para eliminar sus órganos de reproducción, con la consiguiente esterilización irreversible. De este modo, a muchas se les plantea una disyuntiva de hierro: para disfrutar de un derecho (el reconocimiento legal de su identidad), deben renunciar a otros (el derecho a la integridad física y a fundar una familia).

En otros ordenamientos legales, se exige además completar terapias hormonales complementarias (que pueden llevar años); o se limita la opción a personas solteras (imponiendo un divorcio forzado o una anulación de matrimonio si el solicitante estuviera casado); o se fijan restricciones de edad (vedando el acceso a menores de edad o mayores de 65 años); o sólo se admite cuando el interesado presenta un diagnóstico de trastorno mental.

Todos estos condicionamientos funcionan como mecanismos de exclusión que atentan contra la recomendación básica y primaria contenida en los Principios: que el procedimiento para reconocer legalmente la identidad de género sea rápido, accesible y transparente.

Como ya se ha señalado, algunas personas transgénero desean tener acceso a ciertos tratamientos de salud para modificar su anatomía, y otras muchas no. Incluso entre las primeras el tratamiento deseado —terapia hormonal, cirugía de pechos, cirugía facial, cirugía de reasignación genital, terapia de voz, depilación, etcétera— varía mucho y depende de los sentimientos y las percepciones personales. Por consiguiente, resulta muy cuestionable determinar un único patrón de tratamiento médico como condición previa.

El requisito de contar con un diagnóstico psiquiátrico, implica que la persona transgénero debe plegarse a la idea de que su condición constituye un trastorno mental, lo que resulta degradante y violenta sus convicciones. Por añadidura, los profesionales habilitados para emitir este tipo de diagnóstico suelen manejarse con una definición muy restrictiva y estereotipada de la naturaleza de la "patología", por lo que en ocasiones no se avienen a expedir un informe que acredite la disforia de género. Es más, muchos de los que han atravesado este trance han denunciado que psiquiatras y psicólogos intentan "convencerlos" de que su condición es un "capricho" o que pueden modificarla si ponen un poco de empeño. A fin de cuentas, subsiste un parámetro de la "normalidad" bajo el cual los especialistas evalúan si la identidad –algo tan propio– es auténtica o no; lo que demuestra que la transexualidad sigue siendo considerada un desorden psicológico que debe ser controlado por el Estado. Impedir que los menores de edad accedan al reconocimiento de género obstaculiza su integración social, por ejemplo en los colegios, y perjudica el desarrollo personal en una edad crítica como la adolescencia.

Por último, hay países en los que simplemente no está permitido cambiar el género legal (por caso, en 16 países de Europa no existe regulación al respecto), lo que coloca a la población trans en situación de total desamparo.

La avanzada

En mayo de 2012, dos años después de legalizarse el matrimonio igualitario (entre personas del mismo sexo), se sancionó en la Argentina una ley considerada ejemplar –tal vez una de las que más se ciñe a los Principios de Yogyakarta en el mundo–, que garantiza el derecho de toda persona al reconocimiento de su identidad de género y a vivir libremente conforme a ella, así como también a ser tratada e identificada de ese modo en todos los documentos personales.

Esta norma instituye el cambio de identidad como un acto administrativo, que no requiere autorización judicial ni dictamen de profesionales de la salud.

De este modo, toda persona mayor de 18 años de edad puede solicitar la rectificación registral del sexo, y el cambio de nombre de pila e imagen (foto), cuando no coincidan con su identidad de género autopercibida. Para ello, sólo basta presentarse ante el Registro Nacional de las Personas, y solicitar por escrito la rectificación de la partida de nacimiento y la emisión de un nuevo documento de identidad.

En ningún caso se exige acreditar intervención quirúrgica por reasignación genital total o parcial, ni terapias hormonales u otro tratamiento psicológico o médico. El trámite es gratuito, personal, y no requiere la intermediación de ningún gestor o abogado.

Asimismo se garantiza la confidencialidad de este procedimiento, ya que sólo tendrán acceso al acta de nacimiento originaria quienes cuenten con autorización del/la titular o con orden judicial por escrito y fundada.

Por otra parte, esta norma da un paso más y asegura el derecho al libre desarrollo personal y a la salud integral, garantizando el acceso a todas aquellas intervenciones (quirúrgicas u hormonales) que una persona considere necesarias para adecuar su cuerpo conforme a su identidad de género, siendo el único requisito el consentimiento informado del paciente.

Dichas prestaciones deberán ser cubiertas por todos los efectores del sistema público de salud, ya sean estatales, privados o del subsistema de obras sociales.

La ley también prevé iguales derechos para los menores de edad, aunque con algunos requisitos adicionales: el menor debe manifestar expresamente su conformidad, pero las solicitudes deben ser tramitadas por su representante legal, amén de que se debe contar asistencia letrada (a través de la figura del "abogado del niño"). Y contempla la posibilidad de que se acojan a estos beneficios los residentes extranjeros.

Sólo en el primer año de vigencia de esta norma, unas 3.000 personas accedieron al reconocimiento de su identidad.

Otras iniciativas

En julio de 2014, el parlamento de la Comunidad Autónoma de Andalucía, España, aprobó una ley para la no discriminación y el reconocimiento de las personas transexuales.

De carácter integral, se instala en un paradigma normativo diferente al de la propia ley nacional española en la materia (vigente desde 2007), al pronunciarse expresamente por la completa "despatologización" de la transexualidad. Es decir, se abandona la idea de que se trata de una enfermedad a la que se intenta dar una solución jurídica por no existir "curación" para ella y, por lo tanto, el ejercicio del derecho a la identidad se desvincula de la necesidad de aportar diagnósticos médicos previos que acrediten una disonancia estable entre el sexo biológico y la identidad de género vivida como propia.

Cabe recordar que, en esta materia, Andalucía ha sido pionera con la inauguración de la primera unidad hospitalaria especializada en personas transexuales del territorio español (situada en la provincia de Málaga). En esta línea de vanguardia, no sólo contempla el acceso a las prestaciones tradicionales de reasignación sexual, sino que también hace mención puntual a los tratamientos que tiendan a la modulación del tono y timbre de la voz, por cuanto "no constituyen para las personas transexuales una cuestión estética o cosmética". Asimismo, prevé instancias de formación específica en materia de transexualidad para los profesionales de la salud y la creación de indicadores de seguimiento con fines estadísticos y científicos.

Por su parte, el parlamento de la Comunidad Autónoma de Canarias sancionó su propia ley en octubre de 2014, aunque ésta exige que para el ejercicio de sus derechos las personas transexuales acrediten su condición "mediante informe de un/a psicólogo/a colegiado/a". Pese a ello, en esta norma el elemento innovador radica en la decidida lucha contra la transfobia.

En noviembre de 2014, la Asamblea Legislativa del Distrito Federal aprobó una ley que avala el derecho de toda persona al reconocimiento de su identidad de género, mediante un procedimiento administrativo ante el Registro Civil de esa ciudad mexicana. El trámite no es gratuito, aunque sí de precio accesible, y sólo pueden realizarlo los mayores de edad. Antes, quienes deseaban cambiar legalmente su género debían recurrir a un juicio especial ante el Tribunal Familiar, que tardaba de tres a seis meses y tenía un costo de entre 1.500 y 2.000 dólares.

En el caso de Colombia, mediante un decreto del Poder Ejecutivo de junio de 2015, y sobre la base de un pronunciamiento previo de la Corte Constitucional, se consagró la corrección por vía notarial (a través de una escritura pública) del componente sexo en el Registro del Estado Civil. Para ello, el solicitante deberá efectuar ante un notario una declaración, realizada bajo la gravedad de juramento, en la que indique su voluntad de realizar tal modificación, sobre la base de "la construcción sociocultural que tenga la persona de su identidad sexual".

En Brasil, hasta el momento sólo es posible realizar la alteración del nombre de pila y del sexo registral por vía judicial. Además de lo engorroso y lento que puede llegar a ser este procedimiento, no asegura el resultado favorable. Porque el dictamen final depende de la interpretación particular del caso que haga un juez y, si bien existe jurisprudencia positiva al respecto, siempre es factible que la petición sea denegada. Sin embargo, a instancias de un plan de lucha encarado por el movimiento LGBT en 2009, se ha avanzado notablemente en el reconocimiento del "nombre social" (el que la persona trans eligió para identificarse a sí misma y que expresa el género adoptado).

Estas medidas constituyen sin duda un primer paso alentador, sin perjuicio de lo cual no resuelven el problema de fondo, ya que otorgan un reconocimiento parcial, aplicable en ámbitos específicos de los servicios públicos.

Capítulo 8
LAS NUEVAS FAMILIAS

> "Hogar es contemplar la luna, elevarse sobre la durmiente tierra baldía y tener a alguien a quien llamar para que se acerque a la ventana y te acompañe".
>
> Stephen King (n. 1947), escritor estadounidense

La mayor apertura en torno de la diversidad sexual que experimentan muchas sociedades ha tenido su correlato en el surgimiento (y la aceptación) de nuevos modelos familiares, alejados del prototipo de familia nuclear (esposo-esposa-hijos) o extendida (cuando otros parientes cohabitan con los miembros de la familia nuclear, como abuelos, tíos, primos).

Desde ya, el reconocimiento social de las distintas orientaciones sexuales e identidades de género no es el único factor que ha determinado la evolución de los patrones de relación y convivencia. En las sociedades modernas, la incorporación de la mujer al mundo laboral, la menor influencia del componente religioso como elemento de estructuración familiar y social, y la desestigmatización del divorcio, entre otros cambios en las pautas culturales, han dado paso al incremento de las familias monoparentales (un progenitor y uno o varios hijos), las reconstituidas o ensambladas (parejas con hijos de uniones anteriores), las singulares (parejas sin hijos) y las unipersonales (integradas por una sola persona),

La decadencia de la institución del matrimonio como único instrumento de legitimación del vínculo conyugal ha decantado en la multiplicación de las uniones de hecho, una suerte de pacto privado de comunidad emocional y acuerdos económicos, que no excluye la posibilidad de tener descendencia, y que denota una mayor relevancia del elemento afectivo como constitutivo de la familia.

Por su parte, fenómenos como la globalización y la ampliación de los movimientos migratorios han favorecido la creación de familias multiculturales, en las que tanto los adultos como los menores tienen que vivir bajo un mismo techo con niños de diferentes edades, de distintos padres, con valores educativos, hábitos alimentarios y creencias religiosas que pueden no ser similares.

Modelos para armar

Sobre este sustrato impacta el reconocimiento de la diversidad sexual, dando origen a familias simples homosexuales (dos personas del mismo sexo, sin hijos), homoparentales (pareja de homosexuales que tiene hijos en común mediante la adopción o reproducción asistida, o tienen hijos biológicos de uniones anteriores), y análogas formas de familias trans.

Respecto de estas últimas, el abanico se abre a muchas más combinaciones:

+ Parejas en las que ambos miembros son transgénero: la alternativa más frecuente es mujer trans—hombre trans, lo que implica que, en el caso de que ambos hayan conservado sus aparatos reproductores internos y externos (es decir, no se hayan sometido a cirugías de cambio de sexo), pueden concebir hijos biológicos de ambos, por vía natural o técnicas de fertilización asistida (inseminación artificial o fecundación in vitro). También puede ocurrir que, por razones médicas o decisiones personales, recurran a donantes de esperma. Como ya ha sido mencionado, en estos casos el embarazo es llevado adelante por el hombre trans, quien asume al rol de padre. También pueden optar por la gestación subrogada (vientre de alquiler), con gametas de uno o ambos progenitores. Si bien no es el formato más común, puede darse la unión de dos mujeres trans o dos varones trans, con iguales oportunidades de llegar a la maternidad/paternidad a través de técnicas de reproducción asistida.

+ Parejas en las que sólo uno de los miembros es transgénero: como por lógica se deduce, hay cuatro variantes: 1) mujer transmujer biológica; 2) mujer transhombre biológico; 3) hombre transhombre biológico; 4) hombre transmujer biológica. Todas ellas, con posibilidades de tener descendencia equivalentes a las citadas en el acápite precedente. Naturalmente, a cualquier familia trans se le presenta la opción de adoptar una criatura, si bien ello depende de la legislación vigente en cada país.

Y aquí vale la pena reformular la pregunta del primer capítulo. ¿En qué medida se puede ver afectada la vida de ese niño?

No es necesario ser experto o militante de los derechos de los LGTB para responder a esta pregunta. Basta con una mirada sincera al entorno social. Hoy día los niños enfrentan riesgos mucho más agudos que los de tener padres sexualmente ambiguos o "diferentes". El flagelo de los carteles de droga —que los utilizan como "peones"—, las redes de trata, el *bullyng* escolar o el cyberacoso. Ni hablar de las criaturas no deseadas que son abandonadas al nacer y que, en el mejor de los casos, pasan su vida en un hogar de guarda a la espera de una adopción que nunca llega. No hay ningún tipo de información científica o dato estadístico que demuestre que padres LGTB asumirían la dura tarea de llegar a serlo sólo para abusar de sus hijos o siquiera descuidarlos. En las situaciones de abuso o maltrato intrafamiliar, mayormente los victimarios suelen ser individuos heterosexuales, al menos lo que se conoce. Y, por otra parte, resulta peligrosamente fútil detenerse demasiado en la disyuntiva acerca de si los LGTB pueden adoptar. Es algo que simplemente ya está ocurriendo. Lo mejor entonces es intentar crear un mundo propicio para esos hijos de padres distintos que van a ser la cuña que fisure los dos mil años de prejuicios. Es necesario generar ya los sistemas de contención y protección para que esos chicos y sus padres puedan encontrar su camino en paz.

Por otra parte, cabe formular una aclaración importante en relación con el alquiler de vientres, una práctica que en algunos países, como España, Alemania y Francia, está expresamente prohibida, dado que rige el concepto jurídico de que la mujer que da a luz un niño es su madre legal, y los contratos de gestación son nulos de pleno derecho. Otros aceptan la forma "altruista" (cuando la gestante se ofrece voluntariamente, por ejemplo porque es pariente de los futuros padres), pero no permiten la forma comercial (cuando hay un acuerdo económico entre las partes), como ocurre en Canadá, Australia y Brasil. Y también hay naciones en que las dos modalidades son legales (Bélgica, Georgia, Ucrania, Rusia y ocho estados de Estados Unidos). India admite la variante mercantil, pero no pueden acceder a ella los homosexuales y los solteros extranjeros.

En los hechos, en la mayor parte del mundo (incluyendo casi toda Latinoamérica), no existe regulación al respecto, lo que crea un vacío legal de graves consecuencias. Hay quienes se arriesgan a hacerlo al margen de la ley (mediante acuerdos privados y generalmente de palabra), con riesgos inciertos tanto para los futuros padres como para las madres subrogantes. Otra situación problemática se da cuando una pareja recurre al alquiler de vientre en un país donde sí es legal, y luego vuelve a su país de origen y debe batallar por el reconocimiento de la filiación.

El amor gana

La legalización del matrimonio entre personas del mismo sexo (también denominado matrimonio igualitario o matrimonio homosexual), con idénticos efectos jurídicos al celebrado entre un hombre y una mujer, constituye sin lugar a dudas una de las grandes revoluciones culturales del siglo XXI. Holanda fue la punta de lanza al convertirse, en 2001, en el primer país del mundo en consagrar este derecho. Con un ritmo que se ha acelerado en el último lustro, otras naciones se han sumado a la lista, hasta alcanzar en la actualidad (mediados de 2015) cerca de una veintena.

En Europa, por orden cronológico de sanción, se encuentran: Bélgica (2003), España (2005), Noruega y Suecia (2009), Portugal e Islandia (2010), Dinamarca (2012), Francia (2013), Luxemburgo y Eslovenia (2015).

Por su parte, el Reino Unido ofrece un panorama particular debido a la ausencia de un sistema jurídico unificado entre sus naciones constitutivas. Mientras el Parlamento de Irlanda del Norte votó en contra del matrimonio homosexual en 2013, las Asambleas de Inglaterra, Gales y Escocia lo avalaron en distintos momentos de 2014.

También en 2014, Finlandia introdujo la novedad de una aprobación parlamentaria que tuvo su origen en una iniciativa ciudadana que reunió más de 165.000 firmas, si bien la nueva ley entrará en vigencia en 2017.

Párrafo aparte merece la República de Irlanda, que en mayo de 2015 se convirtió en el primer país del mundo en aprobar el matrimonio entre personas del mismo sexo, mediante un referéndum popular, en el que el 62% del electorado se pronunció a favor.

Asimismo, Sudáfrica es el único caso en todo el continente africano (2006), en Oceanía sólo es legal en Nueva Zelanda (2013), mientras que ningún país de Asia lo ha habilitado hasta el momento.

Dentro del continente americano, la primera nación en legalizar el casamiento entre personas del mismo sexo fue Canadá (2005). En cuanto a América Latina, Argentina fue pionera al sancionar a nivel nacional una ley de matrimonio igualitario en 2010. Tres años más tarde, hizo lo propio el Parlamento de Uruguay.

En Brasil, a partir de que a principios de 2012 el estado de Alagoas autorizó localmente un trámite administrativo ante notario para celebrar matrimonios igualitarios, sin intervención judicial, otros trece estados adoptaron medidas similares en el siguiente año. Finalmente, en mayo de 2013, una acordada del Supremo Tribunal Federal, con validez en todo el territorio brasileño, declaró constitucional la unión entre dos personas del mismo sexo, estableciendo que los registros civiles quedan obligados a dar curso a las solicitudes en tal sentido.

También la vía judicial fue el camino escogido en México. El 19 de junio de 2015, la Suprema Corte de Justicia de la Nación publicó una Tesis Jurisprudencial en la que dictaminó que son inconstitucionales las leyes de cualquier entidad federativa que consideren que la finalidad del matrimonio es la procreación y/o que lo definan como el que se celebra entre un hombre y una mujer. En los considerandos del fallo se afirma que la única finalidad constitucional a la que obedece el matrimonio es la protección de la familia como realidad social (y no la procreación) y que, por lo tanto, resulta discriminatorio establecer las preferencias sexuales de los contrayentes como requisito para acceder al vínculo matrimonial. Igualmente se subraya que "ninguna norma, decisión o práctica de derecho interno, tanto por parte de autoridades estatales como de particulares, pueden disminuir o restringir los derechos de una persona a partir de su orientación sexual",

Cabe destacar que la regulación de la institución matrimonial es privativa de cada estado. El Distrito Federal, al modificar su código civil a fines de 2009, se convirtió en la primera jurisdicción de Latinoamérica en legalizar el matrimonio igualitario. Posteriormente siguieron sus pasos los estados de Quintana Roo (2012) y Coahuila (2014). En el resto de las entidades federativas, las parejas homosexuales que querían casarse debían presentar recursos de amparo y apelar las posteriores sentencias contrarias de primera y segunda instancia. Y, una vez que la causa llegaba a la Suprema

Corte, el órgano les terminaba dando luz verde para seguir con el proceso.

Si bien esta sentencia de la Suprema Corte constituye un motivo de celebración —y así lo ha hecho la comunidad LGTB de ese país—, no representa el fin de la batalla. Pese a la nueva jurisprudencia, que es de aplicación obligatoria para los fueros federales, es probable que muchos registros civiles continúen negándose a celebrar casamientos gay, y que en consecuencia las parejas del mismo sexo deban seguir presentando amparos para lograrlo. La diferencia ahora será que los jueces no tendrán otra opción que fallar a favor. Ello redundará en un trámite judicial más rápido y con resultado garantizado, pero no elimina completamente los costos y la burocracia. Sólo se logrará el pleno acceso al matrimonio igualitario cuando los códigos civiles de todas las entidades federativas sean reformados en consonancia con las disposiciones del máximo tribunal.

Con pocos días de diferencia respecto de México, el 26 de junio de 2015 el Tribunal Supremo de Estados Unidos dio un golpe de timón al dictaminar que las parejas homosexuales tienen derecho a casarse en todo el país, en sintonía con la decisión tomada por ese mismo cuerpo tres años antes, que declaró inconstitucional la llamada Ley Federal de Defensa del Matrimonio de 1996, que lo definía exclusivamente como la unión entre un hombre y una mujer.

Hasta este momento, eran 37 los estados —junto con el Distrito de Columbia, donde está la capital, Washington— en los que el matrimonio homosexual estaba legalizado (ya sea mediante leyes de sus respectivas Asambleas Legislativas o sentencias de sus cortes supremas estaduales), en un proceso que arrancó en 2004 cuando Massachusetts se transformó en la primera unidad federativa en reconocerlo.

Con su pronunciamiento, el Tribunal Supremo tildó de nulas las leyes que en 14 estados prohibían expresamente el matrimonio entre individuos del mismo sexo, los que a partir de ahora deberán adecuar sus normativas locales. Y, si bien no defiende expresamente la necesidad de una nueva ley federal, respalda todas las decisiones judiciales previas a favor del matrimonio gay y rechaza todos los argumentos presentados en su contra, sentando una doctrina que ya no tiene vuelta atrás.

El mismo presidente Barack Obama –que, hay que decirlo, tuvo una posición vacilante en los comienzos de su carrera política y recién en 2012 se manifestó públicamente a favor del matrimonio igualitario– se encargó de difundir la noticia a través de las redes sociales, haciendo que la etiqueta #LoveWins (o El amor gana) obtuviera más de 10 millones de menciones en pocas horas.

Otras formas de reconocimiento

En muchas sociedades, el primer paso hacia el reconocimiento de las parejas gay tomó la forma de la unión civil, una figura que recoge gran parte de los derechos y las obligaciones de la institución matrimonial aunque no la equipara totalmente. En la mayoría de los países que actualmente cuentan con el matrimonio igualitario legalizado, el punto de partida previo fue la consagración de este tipo de uniones (que, en rigor, también están habilitadas para heterosexuales) y que continúan siendo una opción para cualquier pareja que desea formalizar su vínculo.

Lo cierto es que desde que en 1989 Dinamarca instituyó por primera vez en el mundo este mecanismo para otorgar estatus legal a las relaciones estables entre personas del mismo sexo, cual efecto dominó se propagó por distintas latitudes. Sería tedioso enumerar todos los casos, ya que además hay una gran cantidad de unidades subnacionales (municipios, provincias y estados de repúblicas federales) que lo admiten, pero a título ilustrativo podemos mencionar Israel (1994), Alemania (2001) y Suiza (2005).

En lo referido a América Latina, son tres los países donde es posible celebrar una unión civil (aunque todavía no un matrimonio): Colombia (2007), Ecuador (2008) y Chile (2015), a lo que debe añadirse la provincia de San José, de Costa Rica.

Nuevas conquistas

Al compás de estos avances en materia de igualdad, otras reformas han tenido lugar para garantizar los derechos de los nuevos grupos familiares que se conforman.

En 19 países del mundo, las parejas del mismo sexo pueden adoptar en forma conjunta a un menor, al igual que en algunos estados federativos de México, Estados Unidos y Australia. Además, en seis naciones está permitida la adopción por parte de una persona homosexual o trans del hijo biológico o adoptado del cónyuge. Y en 15 países es posible la adopción individual por parte de personas LGTB.

Otra cuestión que ha exigido ajustes en la legislación es la referida a la filiación de los hijos, para adaptarla a las nuevas realidades, como es el caso de hijos biológicos de una persona trans, nacidos con anterioridad al cambio registral de sexo del progenitor; o hijos de una pareja homosexual nacidos con anterioridad a la legalización del matrimonio entre personas del mismo sexo.

En abril de 2015, se registró el primer caso en Argentina (y también primero en América Latina) de un bebé con triple filiación. El niño, nacido en 2014, es hijo legal de una pareja de mujeres unidas en matrimonio, y fue concebido por una de ellas mediante inseminación artificial con esperma donado por un amigo de la pareja. Dado que el padre biológico participa en la crianza y ejerce su rol paternal, los involucrados solicitaron al Registro de las Personas de la provincia de Buenos Aires su reconocimiento como tal, pedido que fue resuelto favorablemente por dicho organismo. En consecuencia, se expidió una nueva partida de nacimiento, en la que constan los nombres de dos mamás y un papá, así como también los tres apellidos del niño.

Cabe señalar que el Código Civil argentino no limita la cantidad de integrantes de un vínculo filial y, aunque refiere a su conformación por sólo dos personas, no existe expresa prohibición de triple filiación. Este reconocimiento por vía administrativa, sin necesidad de recurrir a un proceso judicial, seguramente sentará jurisprudencia a nivel nacional y permitirá regularizar situaciones similares a futuro y tal vez en un punto no muy lejano en el tiempo derive en una modificación legislativa que lo incorpore como un procedimiento de rutina y no de excepción.

Y en este sentido es probable que este libro quede desactualizado en el mismo instante en que salga de imprenta. Las novedades en materia de derechos de la diversidad sexual se producen a diario en distintos puntos del globo, en un movimiento constante de mentes y corazones abiertos que avanza sin prisa y sin pausa.

Epílogo

> "Hemos modificado tan radicalmente nuestro entorno,
> que ahora debemos modificarnos a nosotros mismos,
> para poder existir dentro de él".
> Norbert Wiener (1894-1964),
> matemático estadounidense

Tal vez la expresión "diversidad sexual" sea una creación moderna, un eufemismo al que es necesario apelar para englobar lo más brevemente posible el amplio espectro de la sexualidad humana, pero no es en absoluto una realidad nueva, simplemente porque siempre estuvo allí.

En rigor, no estamos hablando sólo de un "fenómeno" social o moral o fisiológico, sino de una manera de vivir; una más de las tantas que ha conocido el ser humano desde que alumbró su conciencia sobre la Tierra.

Una "novedad" con historia

Así se pone en evidencia lo contradictorio e ilógico que resulta que, desde el paradigma heterosexista y de identidad binaria, siempre se haya señalado cualquier otra manera de relacionarse eróticamente con los demás y con el propio cuerpo como un síntoma flagrante de la declinación de la sociedad y su pretendido "progreso". Acusación que se escuchó en todas las épocas, al menos desde los últimos dos mil años. Salvo en determinados períodos, en comunidades muy acotadas, toda manifestación de comportamiento sexual por fuera de ese paradigma siempre fue tomada como algo cuanto menos sospechoso, cuando no peligroso, pecaminoso o perverso.

En las Cuevas de Lascaux, ubicadas en el suroeste de Francia, donde se conservan grabados rupestres cuya antigüedad se calcula en 27.000 años, entre las previsibles formas de armas de piedra y animales salvajes se distingue claramente la imagen de dos mujeres con las piernas entrecruzadas, en una posición sexual que hoy día se identifica claramente como símbolo del contacto físico íntimo entre dos mujeres.

De igual forma, en las representaciones artísticas de numerosas culturas orientales y de la Mesopotamia asiática, encontramos imágenes explícitas de actos sexuales entre varones, así como también piezas de alfarería con forma de doble falo, que han sido clasificadas por los arqueólogos como juguetes sexuales probablemente utilizados en las relaciones lésbicas. El Antiguo Egipto, tanto en su arte como en su mitología, ha sido pródigo en la producción de figuras de manifiesta ambigüedad, como en el caso de las pinturas y las esculturas del faraón Akhenathon, al que se le atribuían un rostro masculino y caderas y pechos femeninos.

Estamos hablando de épocas muy lejanas en que, a la manera de una película muda, la Historia todavía no hablaba; no constan registros escritos, sólo escenas y objetos de uso personal a partir de los cuales podemos reconstruir la cosmovisión de esas sociedades.

Pero de a poco, y en cuanto la humanidad comenzó a dejar testimonio de su propio devenir, surgieron indicios claros, inapelables, de que desde siempre han existido personas a las que hoy catalogaríamos como LGTB, cuyas formas de relacionarse sexualmente estaban aceptadas socialmente. Tanto en la civilización griega antigua como en la romana, las prácticas homosexuales y bisexuales formaban parte de la vida privada y pública de sus habitantes. Del mismo modo, en la literatura, la mitología y la escultura, abundan las referencias a "almas femeninas encerradas en cuerpos masculinos".

Fue a partir de la consolidación de las grandes religiones monoteístas cuando las expresiones de una sexualidad diversa pasaron a ser consideradas como rareza y, las más de las veces, censuradas y combatidas. Ello nos dice que, de algún modo, el mundo heterosexual sintió que su reino estaba en peligro. Y su reino era su propia psiquis temerosa, limitada; una sexualidad de fondo conflictiva, que ante el menor cuestionamiento reaccionó con terror.

Se inventaron entonces simbologías rebuscadas y nuevos significados, con el fin de de reinterpretar el pasado. Cualquier rastro de preferencias hacia personas del mismo sexo fue tratado como una simple conjetura o una conducta desviada aislada. A cualquier imagen sexualmente ambigua se le atribuyeron alusiones metafísicas como "la fertilidad", la "unión con lo divino" o "la totalidad del ser". En síntesis, vanos intentos de ocultar que se trata simplemente de la presencia de sexualidades diversas desde el origen de los tiempos.

Somos lo que decimos

En definitiva, desde hace muchos siglos el universo de la diversidad ha sido mirado con una morbosa fascinación pero, a la vez, con desconfianza y rechazo. Es cierto que en la sociedad actual esta actitud se ha modificado radicalmente, y hasta suavizado. Pero aún hoy las demostraciones de prejuicio e intolerancia son múltiples, como se ha reseñado en los capítulos precedentes.

Y si seguimos la huella de este proceso —que con cierto optimismo podemos calificar de evolutivo— de manera ineludible nos encontramos que la homofobia y la transfobia se encuentran profundamente enraizadas en el plano del lenguaje. La comunicación humana está en permanente movimiento, continuamente produce nuevos términos y conceptos en el afán de aprehender el confuso, cambiante y por momentos inasible mundo que nos rodea.

Así, nuestro lenguaje se nutre cotidianamente de una inventiva sin descanso, que resignifica un sinfín de palabras y giros para referirse de manera despectiva a la población gay y trans, y que modernamente encuentran un fantástico vehículo de propagación en las redes sociales y en los medios de comunicación masiva. Y más grave aun, esas mismas expresiones se convierten automáticamente en insultos, que no sólo se aplican para aludir a los homosexuales, sino también para desacreditar a cualquier persona, sin pretender con ello hacer real mención a su condición sexual. Basta con escuchar los improperios que se le dedican a la parcialidad rival en un estadio de fútbol para apreciar hasta que punto ha calado en la percepción colectiva la idea de que ser tildado de homosexual es una de las peores ofensas que se pueden recibir.

Desde ya, no es tarea sencilla desarticular estos mecanismos tan arraigados en el habla, especialmente teniendo en cuenta que la gran mayoría de los agravios tiene una clara y explícita connotación sexual.

Sin embargo, la batalla está planteada. En distintos puntos del globo han emergido organismos estatales creados con la misión específica de luchar contra todo tipo de discriminación (racial, étnica, religiosa y también sexual), que se han transformado en un pilar del cambio social.

En México, por caso, el Consejo Nacional para Prevenir la Discriminación ha publicado en 2011 una suerte de manual para periodistas, que ya desde su título (*Sugerencias para un periodismo sin etiquetas*) se propone como una herramienta para contribuir a erradicar la intolerancia desde los medios de comunicación. Y esto es de una importancia vital, porque un lenguaje discriminatorio cumple la doble función de construir y confirmar la "inferioridad" de individuos y grupos, porque les adjudica, de manera consciente o no, valores negativos. De allí a la estigmatización, sólo resta un paso.

Evidentemente, los medios informativos son un reflejo de la cultura social y como tales reproducen prejuicios y estereotipos. A diario utilizan expresiones tomadas del habla popular que, sin llegar a ser vulgares, constituyen una forma supuestamente chistosa y descontracturada de referirse a ciertas minorías, con lo que su uso se naturaliza y se vuelve habitual. Y los insultos con contenido homofóbico están a la orden del día y son proferidos sin mayores consecuencias, aun públicamente. Pero de a poco esta realidad está empezando a cambiar.

En un histórico fallo, la Suprema Corte de Justicia de la Nación de México estableció que términos como "puñal" o "maricón" constituyen una forma denigrante de definir a una persona homosexual, y por lo tanto son discriminatorias. La decisión puso punto final a una larga disputa legal entre dos periodistas de la ciudad de Puebla, uno de los cuales, en un artículo publicado en un periódico local, calificó con esos epítetos al otro. Con meridiana contundencia, el máximo Tribunal puntualizó que "las manifestaciones homófobas son una categoría de discursos del odio, los cuales se identifican por provocar o fomentar el rechazo hacia un grupo social".

Reflexiones finales

Tal vez nos lleve mucho tiempo no sentir una curiosidad retorcida y malsana respecto de la diversidad. Si nos hablan de una pareja de gays, ¿por qué lo primero que pensamos es ¿cual es el activo y cual el pasivo? Y si se trata de una persona transgénero, ¿por que nos quita el sueño saber si se operó los genitales o no?

Es evidente que estas preguntas corresponden a una mentalidad heredada de siglos y que todavía tenemos por delante una enorme tarea. Pero incluso en este mundo infectado de fanatismos y tabúes, día a día nacen nuevas generaciones que crecerán con matrimonio igualitario, parejas trans, hijos de padre y padre, de madre y madre, y otras tantas combinaciones no tan definibles.

En definitiva, es inevitable que en los próximos años comencemos a vernos simplemente como personas, espíritus encarnados con distintos matices de sexualidad. Cada individuo, una elección. Seguramente se perderán ciertos aspectos románticos dignos de nostalgia. Pero acaso no se pierdan, sino que se multipliquen. Quién puede saber cuántos tonos abarcará la sexualidad de los años venideros.

El futuro es tan irrevocable como lo fue el pasado. Para no ponerle palos en la rueda y no ser lastimado por su avance, es necesario resolver ya mismo algunas cuestiones que atañen a cada uno. Empezar a poner en tela de juicio los propios preconceptos y valores. Sustraernos del embrujo de una cultura eminentemente visual, que nos bombardea con imágenes de cuerpos perfectos y personas perfectamente bellas, y volver a ocuparnos de las almas.

Por último, quisiera rendir un pequeño homenaje personal. A lo largo de esta investigación, he mencionado a infinidad de personalidades y figuras públicas que han abierto caminos y dejado su huella en la lucha por los derechos de la diversidad sexual.

Pero no todas las personas "distintas" son ricas y famosas. Vaya entonces mi reconocimiento a los miles de anónimos y anónimas, que día a día salen a la calle con la frente bien alta a lidiar con un mundo que todavía les es hostil. A los que deben resignar afectos, sueños y oportunidades para vivir la vida como la sienten. A los que silenciosamente trabajan por una sociedad más plural e igualitaria. Y a los que todavía se están buscando a sí mismos, que espero encuentren en este libro un mensaje de esperanza. El recorrido es difícil, pero vale la pena transitarlo.

Dalia Goldman
Buenos Aires, julio de 2015

Apéndice fotográfico

Un caso célebre

Oscar Wilde (1854-1900), notable escritor, poeta y dramaturgo irlandés, pagó muy cara su inclinación homosexual. Hacia 1895, y en la cima de su carrera, fue condenado a trabajos forzados por indecencia y sodomía. Nunca se repuso, y murió en París bajo un nombre falso. *Arriba*: con lord Alfred Douglas, el amante del escándalo. *Derecha*: travestido como Salomé.

Un país que demostró avances y retrocesos en cuanto a la homosexualidad femenina fue Alemania. Hacia las décadas de 1920 y 1930, Berlín fue la capital lésbica de Europa. *Arriba*: fragmento de una portada de 1928 de *Die Freundin* (La amiga), una de las revistas de la comunidad. *Derecha*: foto de propaganda nazi; la mujer como madre del pueblo ario. Aunque más toleradas que los homosexuales hombres, las que escapaban al modelo sufrían, cuando menos, la condena pública.

Los orígenes de la organización

Izquierda: el célebre bar *The Stonewall Inn*, en Manhattan. Allí, en la noche del 28 de junio de 1969, los habitués enfrentaron a la policía. En poco tiempo se juntaron 2.000 personas gritando la consigna *Gay power! Abajo*: grupos de homosexuales marchan reclamando por sus derechos en la Convención del Partido Demócrata, Nueva York, 1976. Desde entonces, no hay candidato que no tenga en cuenta este cuantioso sector del electorado.

Foto: Diana Davies/Biblioteca Pública de Nueva York

Foto: Warren K. Leffler/Biblioteca del Congreso, Estados Unidos

Las marchas del orgullo, hoy

Foto: Giovanni Dall'Orto

El siglo XXI fue el de la internacionalización definitiva de las Marchas del Orgullo Gay. *Arriba*: una pareja se abraza en un alto de la manifestación llevada a cabo en Roma, en 2007. *Abajo*: una impresionante vista de la Marcha de 2007 en San Pablo, Brasil, ciudad que concentra año a año la mayor cantidad de manifestantes de toda América Latina. Esta presencia contundente en las calles lleva a una mayor visibilidad y aceptación a nivel social.

Foto: Rose Brasil/ABr

DE LA PANTALLA A LA CALLE

En el mundo del espectáculo, la apertura se inició con los años '90. *Izquierda*: la seductora y carismática Ellen DeGeneres (n. 1958), que eligió la sinceridad en un show de Oprah Winfrey, el más visto de la televisión estadounidense. *Abajo*: el actor inglés Sir Ian McKellen (n. 1939), que se reconoció homosexual en 1988, bajo el gobierno conservador de Margaret Thatcher. *Izquierda*: en una conferencia de prensa. *Derecha*: manifestando en Manchester, en 2003. Más allá del escándalo o el rechazo inicial, y lejos de apagarse, sus carreras crecieron.

FAMOSAS CON ACENTO LATINO

Dos ejemplos de transexuales exitosas.

Foto: O. Pastrana

Ophelia Pastrana (n. 1982), figura muy conocida en Colombia y en México. Física, economista, empresaria y docente, goza de amplio prestigio en los medios de comunicación latinos. Obtuvo en México sus documentos como mujer.

La argentina Flor de la V, conocida como *vedette*, actriz y conductora de televisión. Muy querida y respetada por el público, en 2010 fue la primera mujer transgénero argentina en obtener autorización judicial para modificar su nombre y su sexo registral. Junto a su marido fueron padres de mellizos, gestados mediante un vientre de alquiler.

Foto: Roberto Ettore

SELLO ORIENTAL, REALIDAD UNIVERSAL

Foto: Fairtex Thaila

En Tailandia se usa el término *kathoey* para designar a la persona que cambió su aspecto de hombre a mujer, y abarca a quienes en Occidente son llamados *travestis* o *transexuales*. *Izquierda*: la *kathoey* tailandesa más famosa. Fue campeón (como hombre) de boxeo y luego se interpretó a sí misma en dos películas. *Abajo*: una bella bailarina *kathoey*. El budismo las rodea de un marco de tolerancia. La ley local aún no les concede modificación de identidad alguna.

Foto: Andyindia

Matrimonio sin fronteras

Los matrimonios legales entre personas del mismo sexo van ganando legitimidad en distintas partes del globo, y una aceptación social cada vez más amplia. *Izquierda*: champagne y alegría. Boda entre Mathieu Chantelois y Marcelo Gómez, en Toronto, Canadá, en 2003. *Abajo*: Alyona Fursova e Irina Shumilova contraen enlace en San Petersburgo, en 2014. Irina (derecha) estaba en plena transformación de género, y era oficialmente un hombre en el momento de la ceremonia.

Foto: Mm Toronto

Foto: Roman Melnik

Bibliografía

Impresos

Flores, María Sol y Hirch, Cynthia: *La constitución de la identidad trans, en el cerco de la prostitución*. Ponencia en el II Congreso Interdisciplinario de Género y Sociedad, Universidad Nacional de Córdoba, Argentina, mayo de 2012.

Herrero Brasas, Juan A.: *La sociedad gay: una invisible minoría*. Madrid, Foca Ediciones, 2001.

Itaborahy, Lucas Paoli: *Homofobia de Estado. Un estudio mundial jurídico sobre la criminalización, protección y reconocimiento del amor entre personas del mismo sexo*. Publicación de Asociación Internacional de Lesbianas, Gays, Bisexuales, Trans e Intersex. Mayo de 2013.

Maffia, Diana (comp.): *Sexualidades migrantes. Género y transgénero*. Buenos Aires, Feminaria Editora, 2003.

Nicolosi, Joseph: *Quiero dejar de ser homosexual. Casos reales de terapia reparativa*. Madrid, Editorial Encuentro, 2009.

Pérez, Georginne: *Salir del closet*. Caracas, Ediciones B, 2013.

Platero, Raquel (Lucas): *Trans*exualidades. Acompañamiento, factores de salud y recursos educativos*. Barcelona, Ediciones Bellaterra, 2014.

Pragier, Uriel Marcelo: *Trastorno de identidad de género, un enfoque integral*, en Revista de la Sociedad Argentina de Endocrinología Ginecológica y Reproductiva, Volumen XVIII, Nº 2, Buenos Aires, agosto de 2011.

Documentos varios

Escrito sin d. Sugerencias para un periodismo sin etiquetas. Consejo Nacional para Prevenir la Discriminación (CONAPRED). México DF, noviembre de 2011.

El Estado decide quién soy. Falta de reconocimiento legal de la identidad de género de las personas transgénero en Europa. Amnistía Internacional, enero de 2014.

Principios sobre la aplicación de la legislación internacional de derechos humanos en relación con la orientación sexual y la identidad de género. Panel Internacional de Especialistas en Legislación Internacional de Derechos Humanos. Yogyakarta, noviembre de 2006.

Ser madre, ser padre en la diversidad. Organización Cuenta Conmigo-Diversidad Sexual Incluyente, México, 2012.

Páginas web

International Lesbian, Gay, Bisexual, Trans and Intersex association (www.ilga.org)

Intersex Society of North America (www.isna.org)

Red Internacional por la Despatologización Trans (www.stp2012.info)

Índice